큰 뜻을 품은 자여,
왜 그 자리에 머물러 있는가

이근오 엮음 | 세계철학전집 정약용편 | VER. 003

큰 뜻을 품은 자여,
왜 그 자리에 머물러 있는가

다산 정약용

모티브

위선자라는 소리를 피하려 했다면,
정주(程朱)도 그 학문을 세우지 못했을 것이다.

"명예를 좇는다"는 비난을 두려워했다면,
백이와 숙제도 그 절개를 지키지 못했을 것이다.

"곧은 체한다"는 말을 피하려 했다면,
급암과 주운도 간언을 하지 못했을 것이다.

심지어 부모에게 효도하고
벼슬살이를 청렴하게 했던 것조차도,

천박한 사람들은
"다 명예를 노리는 짓 아니냐?"고 비아냥거리니,
그들 때문에 도리어 악을 따라야 하겠는가?

-다산 정약용-

너에게는 세월을 주었고,

너로 하여금 편안한 삶을 누리게 하였는데,

그런데도 장차 무엇을 하겠다는 뜻이 없이 막연히 살아간다면,

그 어찌 어둡고 어리석은 일이 아니겠느냐?

하루 종일 부산하게 움직이는 일들이

고작 먹을 것을 구하는 데에만 그친다면,

일찍이 털끝만큼이라도 덕을 닦을 생각은 없었다는 말이 아닌가?

비록 손발에 굳은살이 박히도록 애를 써도

그저 짐승이나 벌레와 다를 게 없구나.

이것은 군자라면 부끄럽게 여기는 바이며,

소인들은 그렇게 평생을 마치는 것이다.

게다가 이런 일조차 하지 못한 채 어리석고

어두운 마음으로 살아가다가,

굶주리고 추운 고통을 당하고 나서야

세상과 남을 탓하고 원망만 쏟아낸다면,

이제는 짐승보다도 못한 처지가 되고

흙덩이나 돌덩이처럼 멍청한 꼴이 되어,
심지어 소인들도 부끄럽게 여길 것이며,
저렁뱅이에게조차 비웃음을 살 것이다.

뿐만 아니라 그런 근본도 없이,
주사위 놀이나 장기 같은 놀이와 술에 빠져 흥청망청 지내며,
싸움질로 부모님을 걱정시키고,
아첨하고 간사하고 음탕하고 탐욕스럽다면,
그것은 돌덩이만도 못한 짓이요,
도깨비나 요괴와 다를 바가 없는 짓이다.

그러니 이 말을 깊이 경계하고,
스스로 깨달아 힘쓰며,
마음을 다스리고 성품을 길러야 하리라.
그리하면 선한 길로 자연스레 나아가게 된다.

아, 나의 사랑하는 아들들아,
그리고 나의 며느리들아.
공경하는 마음으로 내 말을 듣고,
그릇됨이나 허물이 없도록 하라.

-『여유당전서』 서문집 중-

다산 정약용

1762 - 1836

프롤로그

다산 정약용은 마흔의 나이에 큰 잘못 없이 종교 문제와 정치적 이유로 유배를 당했습니다. 누구보다 성실하게 살아왔던 그였기에, 하늘이 자신을 가로막는다고 느꼈을지도 모릅니다. 그렇게 그는 무려 18년 동안 강진의 외딴 유배지에서 살아야 했고, 57세가 되어서야 비로소 세상으로 돌아올 수 있었습니다.

하지만 정약용은, 그 오랜 시간 동안 신세를 한탄하

는 대신,《목민심서》,《경세유표》등 수많은 실학 저서를 집필했습니다. 오직 붓과 먹, 그리고 한지로만 2,400여 권 분량에 달하는 문서를 써 내려갔습니다. 그런 그의 모습을 보고 있자니, 오늘날 우리가 꿈을 이루지 못하는 건 능력이 부족해서가 아니라, 어쩌면 그만한 의지와 끈기가 부족하기 때문이 아닐까 하는 생각이 듭니다.

그의 글을 읽어보면 200년 전 사람이라고는 믿기 어려울 만큼, 지금 우리의 삶에 꼭 필요한 질문을 던지고, 뼈 있는 조언을 남기고 있습니다.
"백성을 하늘처럼 여겨라."
"학문은 실용에 쓰이지 않으면 아무 소용이 없다."
"모든 일은 스스로 하는 것이 옳고, 남에게 기대면 일이 흐트러진다."

언뜻 보면 잔소리처럼 느껴질 수도 있습니다. 하지만 조금만 마음을 기울이면, 그의 말 속에는 우리가 인생을 살아가는 데 꼭 필요한 기본이 담겨 있다는 걸 알게 됩니다. 사람을 먼저 생각하는 태도, 말보다 행동을 중시하는 삶의 자세, 그리고 인생을 어떤 마음으로 대해야 하는지에 대한 깊은 통찰까지. 다산의 말에는 단순한 옛사람의 충고를 넘어, 오늘을 살아가는 데 꼭 필요한 철학이 담겨 있습니다.

이 책은 정약용의 말에서 시작해, 지금 우리의 고민과 이어지는 생각들을 풀어낸 글들로 채워졌습니다. 책을 읽는다고 인생이 단번에 바뀌지는 않겠지만, 적어도 인생을 바라보는 마음의 방향은 바뀔 수 있습니다. 그리고 그 변화가, 당신을 분명 더 나은 사람으로 이끌어 줄 거라 믿습니다.

고맙습니다.

- 엮은이, **이근오** -

차례

프롤로그 009

Chapter. 01 왜 나를 바로 세우는 일이 먼저여야 하는가

01. 사람답게 살고 싶다면	018
02. 진짜가 되는 삶을 살아라	023
03. 자신에게 맞는 옷을 입어라	028
04. 탓을 멈춰야 무섭게 성장한다	033
05. 마음이 시키는 일을 해라	038
06. 좋아함이 깊으면, 미루지 않는다	042
07. 운명처럼 받아들이지 마라	046
08. 날을 구분짓지 마라	050
09. 유혹 앞에서 흔들리지 마라	054

Chapter. 02 어떤 사람을 만나고 어떻게 사람을 대해야 하는가

01. 어떤 사람을 벗으로 둬야 하는가	060
02. 사람은 신중히 거둬라	066
03. 듣기 좋은 말만 하는 사람은 멀리하라	070
04. 높고 낮음으로 사람을 대하지 마라	075
05. 소인을 멀리 하라	079
06. 함께 성장할 줄 아는 사람이 돼라	083
07. 억울하다고 말하고 다니지 마라	088
08. 사람의 마음을 가볍게 여기지 마라	092

Chapter. 03 말과 행실을 어떻게 해야 하는가

01. 말은 곧 마음의 거울이니, 다정히 하라	098
02. 말할 때와 침묵할 때를 알아라	103
03. 허물이 없는 사람이 돼라	107
04. 함부로 험담하지 마라	111
05. 대화할 때의 마음가짐	118
06. 누가 보지 않아도 지켜야 할 것	123
07. 나를 험담한다고 걱정하지 마라	127
08. 존경받는 사람이 되고 싶다면	131

Chapter. 04 | 큰 뜻을 품었다면 기억해라

01. 당신이 성장하지 못하는 이유	136
02. 현실에 안주하지 마라	141
03. 아무도 모르는 곳으로 사라지고 싶다면	146
04. 유독 미움받지 않는 사람들의 비밀	152
05. 유연하지 않으면 결국 막힌다	157
06. 절제하는 법을 배워라	162
07. 흔들리지 않으려면 마음부터 다잡아라	166
08. 마음의 병은 약도 없다	170
09. 분위기에 몸을 내어주지 마라	176
10. 목표가 클수록 혼자일 각오를 하라	182
11. 비밀을 목숨같이 여겨라	187

Chapter. 05 | 인생은 한끗 차이다

01. 평소에 행실을 잘해라   192

02. 맛을 보지 않은 사람은 절대 그 맛을 모른다   197

03. 막혔을 땐 방향을 틀어 다시 궁구하라   202

04. 시야를 넓혀라   205

05. 큰 것은 베풀고, 작은 것은 아껴라   209

06. 가난을 이겨낼 수 있게 해주는 것   212

07. 조금 잘한다고 자만하지 마라   217

09. 힘 빼고 살아라   221

다산 정약용 인생 명언   225

우리가 인생을 다시 보아야 하는 이유   226

Chapter. 01

왜 나를 바로 세우는 일이 먼저여야 하는가

다산 정약용

001

사람답게
살고 싶다면

　인생에서 가장 중요한 첫 번째는 사람답게 사는 것이다. 아무리 좋은 집안, 좋은 재능을 가졌다 한들, 사람답지 못하면 세상은 그를 외면하기 때문이다. 그래서일까, 정약용은 이렇게 말했다. "인간은 하늘과 땅 사이에 놓인 존재일 뿐이다. 타고난 자질을 실현하는 것이 사람의 직분이다. 그런데 어리석은 사람은 그것을 잊고, 평생 먹고사는 데에만 매달린다." 정약용의 말처럼 오늘날 많은 사람이 근본을 잊고, 돈을 벌고 즐기는 데에만 몰두한 채 인생을 소모하고 있다. 삶의 의미를 묻기보다, 어떻게 하면 더 많이 벌고, 더 빨리 성공할 수 있을까만을 고민하는 삶을 살고 있다. 하지만 박수받을 정도는 아니어도 지킬 건 지키며 살아야 한다. 쉬운 길이 있다고 해서 남을 해치면서까지 자신의 이익을 찾기만 하다 보면 인과응보의 원칙에 따라 돌아오는 게 인생의 진리다. 당장은 이상하리만큼 이기적이고 나쁜 놈들이 잘 사는 거 같지만, 다 돌아오게 되어 있다. 그래서 남 발걸음에 조급해하지 말고, 잘 됨에 질투하지 말아야 한다. 이러한 이기적인 마음을 적게 가지려면 '인애'를 가져야 한다. 인애란, 타인을 나처럼 여기고 이기심을 넘어서서 배려하고 존중하는 마음이다. 이게 사람답게 살기 위한 가장 첫 번째다. 그럼, 인애를 가지려면 어떻게 해야 할까? 정약용은 이렇게 말했다. "효도와 공경은 인애(仁愛)의 근본이다. 부모 형제를 가볍게 여기는 자가 벗을 진심으로 대할 리 없다. 사람을 알려거든 먼저 그 가정에서 행실을 살펴보라." 부모님의 말씀에 귀 기울이고, 나를 낳고 길러주신 은혜에 보답하는 사람은 익숙함에 속아 쉽게 화를 내고 짜증을 낼 수 있음에도 자신의 마음을 다스릴 줄 아는 사람이다. 또한 어른을 공경하고, 적적한 선을 지키는 사람은 성품이 바르기에 어디를 가든 흔들리지 않는 사람이다. 이처럼 별거 아닌 것 같으면서도 사소한 것에 배려하고 마음씨를 쓰는 태도는 그 사람의 됨됨이를 드러낸다. 그리고 이런 이들이 사람다움을 풍기며, 무엇을 하든 행복하게 해낼 수 있는 사람이다. 돈을 많이 벌고 싶고, 멋진 꿈을 이루고 싶다는 거창한 목표를 말하기 전에 눈앞의 사람을 향해 마음을 다하는 법부터 배워야 한다. 모든 것에 순서가 있듯, 큰일을 하기 위해서는 먼저 그 기본을 할 줄 알아야 하는 것이다. 하지만 우리는 당장의 생계에만 얽매이게 된다. 그러다 보니 점점 사람다움을 잊어버리고, 삶의 목적조차 잊어버리게 된다. 많은 사람이 이혼하고, 인간관계에서 힘들어하며, 금전 문제로 다투는 것은 이러한 기본부터 시작하지 않은 사람들을 만났기 때문이다. 먼저 자신의 행복만 중요시하고, 혼자만의 이익을 추구하며, 욕심이 가득하기에 그렇다. 그래서 내가 무언가를 해내고 싶다면 먼저 사람을 존중하고 작은 것을 해내는 사람이 되어야 한다. 꼭 효도와 공경이 아니더라도, 건강한 식습관, 일찍 자고 일찍 일어나기, 운동하기, 욕하지 않기와 같은 사소한 것들을 통해 자신을 가꾸다 보면, 그 작은 습관이 하루를 만들고, 그 하루가 쌓여 자신의 미래를 만들게 된다. 좋은 사람이 된다는 것은 결코 우연히 이루어지는 게 아니다. 하루하루 자신을 갈고 닦고, 다잡으며 살아가는 사람에게만 주어지는 열매 같은 것이다. 살면서 당신이 착하다는 말을 자주 들으면 그만큼 많이 배려했다는 뜻이고, 성실하다는 말을 자주 들으면 그만큼 열심히 살았다는 뜻이다. 반대로 이기적이라는 말을 자주 들으면 배려보다는 자기 하고 싶은 것만 했다는 뜻이고, 화가 많다는 말을 자주 들으면 쉽게 사람들에게 화를 잘 냈다는 뜻이다. 모든 결과에는 과정이 있고 그에 따른 열매를 맺는 것이다. 콩 심은 데 콩 나지, 팥이 나지 않는다는 말이다. 그래서 정약용은 이렇게 말했다. "좋은 품성은 하루아침에 만들어지지 않는다. 어릴 때부터 갈고닦아야 하고, 의로운 기상은 언제나 얼굴에 드러난다." 그렇다. 손톱을 보면 그 사람의 청결함이 드러나고, 체형을 보면 그 사람의 생활 패턴이 드러나고, 성격은 얼굴에서 드러나게 되어 있다. 이처럼 작은 습관과 태도 속에서 사람의 깊이가 드러나는 법이다. 내가 아무리 마음을 숨기고 산들, 내가 살아온 습관들은 몸과 얼굴에 다 보인다. 만약 무엇이든 해내는 사람이 되고 싶다면 먼저 사소한 것부터 사람답게 행동하는 법을 실천하자. 그러다 보면 나의 몸과 얼굴에서 사람들을 끌어당기는 성공의 운을 불러오게 될 것이다.

"좋은 품성은 하루아침에 만들어지지 않는다.
어릴 때부터 갈고닦아야 하고,
의로운 기상은 언제나 얼굴에 드러난다."

002

진짜가 되는
삶을 살아라

 겉을 잘 꾸미는 것도 실력이 되어버린 요즘, 겉모습만으로 쉽게 판단하고 속아버리는 일이 많아졌다. 예전에는 평범함 속에서 진짜를 찾으려 애썼다면, 요즘은 진짜 속에서 가짜를 구별하기 위해 애쓰고 있다. 그래서 많은 진짜가, 카피와 모방으로 인해 쉽게 지치고 도중에 무너져 내리기도 한다. 그럼에도 불구하고 우리가 포기하지 않고 진짜가 되어야 하는 이유는 분명하다. 진짜만이 오래 살아남기 때문이다. 정약용은 이렇게 말했다. "요즘 화가들이 그리는 용은 마치 귀신 그림 같아서, 머리는 무섭고 꼬리는 뱀처럼 묘사된다. 그런데도 용을 실제로 본 사람이 드물다 보니 사람들은 그럴듯하다고 믿어버린다. 그렇게 사람들은 진실을 보지 못하고, 허망한 이미지에 쉽게 현혹된다. 하지만 청나라 화가 정공이라는 사람은 그런 흐름에 휩쓸리지 않고, 진짜 용의 모습을 그리고자 애썼다. 비늘 하나, 눈동자 하나까지도 생생하게 묘사한 그의 그림은 마치 금방이라도 하늘로 솟구칠 것처럼 느껴졌고, 사람들에게 보여주기보다 밀실에서 조용히 그려야 할 정도로 귀했다. 그림이란 작은 기예일 뿐이지만, 그 속에 진실과 정신이 담겨 있다면 세상을 바르게 표현할 수 있지 않겠는가."
그렇다. 굳이 나를 드러내려고 애쓰지 않아도 꾸준히 훌륭히 해내는 사람이라면, 그 진가를 알아보고 찾아오는 사람들이 생기게 되어 있다. 이것이 옛날이나 지금이나 변하지 않는 진짜가 드러나는 방식이었다. 그래서 진짜가 되기 위해서는 시간이 걸리더라도 조급해하지 않아야 한다. 사람들의 관심이나 칭찬보다, 내 안의 기준과 신념을 더 중요하게 여겨야 한다. 화려함은 쉽게 사라지지만, 진실한 마음에서 나오는 힘은 오래 가기 때문이다. 물론, 가짜들이 한순간 사람들에게 주목받을 수도 있다. 하지만 시간이 지나면 반드시 가짜는 드러나게 되어 있다. 사람들이 진짜를 알아보는 것은 단순히 명예나 이름 때문이 아니다. 사람들의 마음에 오래 남기 때문이다. 예를 들어 마케팅을 잘해서 음식점을 갔는데 그 음식이 맛이 없다면 다음에는 절대 가지 않을 것이고, 그 식당 가봤는데 맛은 없다고 사람들한테 말할 것이다. 반대로 우연히 들어간 음식점에서 밥을 먹었는데 맛있다면 다음에 또 갈 것이고, 친구와 가족들에게도 알려줄 것이다. 이처럼 진짜는 보여지는 것에서 나오는 게 아니라 실력에서 나타나는 것이다. 만약 자신이 큰 뜻을 품어 어떤 사람이 되고 싶다면 보여지는 것에 신경 쓰며, 잘하지도 않는데 잘하는 척하려는 사람이 되지 말고, 그에 맞는 실력을 갖춘 사람이 되려 노력하자. 사람들이 처음에 진짜를 꿈꾸면서도, 시간이 흘러 점점 가짜가 되는 이유는 빠르게 성공한 사람이 되고자 하는 욕심 때문이다. 그렇게 자꾸 본질을 까먹고 '척'을 하기 시작하는 순간 가짜의 삶을 살게 되는 것이다. 우리는 빠른 길보다 느리더라도 올바른 길을 택해야 한다. 실수하면 돌아서고, 다시 배우며, 그 과정을 묵묵히 견디는 사람이 되어야 한다는 것이다. 누구보다 자신에게 엄격하고, 남들보다 느릴지라도 자기 기준을 지키는 사람은 겉보기엔 답답해 보일지 몰라도, 바로 그 느림 속에서 진짜가 되고 있다. 그러나, 오늘날 많은 사람은 세상이 진짜가 되기까지 기다려주지 않는다며 괴로워한다. 겉모습만으로 판단하고, 즉각적인 성과만을 요구하는 분위기 때문에 진짜를 향해 나아가는 사람은 외롭고, 때로는 바보처럼 느껴진다는 것이다. 하지만 이러한 분위기에 속지 말아야 한다. 성공한 사람들은 안다. 자기와의 싸움에서 이긴 자가 진짜가 된다는 것을 말이다. 그래서 그들은 말보다 행동을 먼저 하고, 인정받기보다 살아내는 데 집중하는 것이다. 언제나 반발이 심할수록 해내는 사람은 더욱 존중받게 되어 있고, 의심이 심할수록 믿음이 생기게 하는 무언가에는 더욱 헌신하게 되어 있다. 모든 것에 작용이 있으면 그만큼 반작용이 있는 법이다. "시대가 변했다.", "사람들이 그렇다더라"라는 말은 그저 자신과의 싸움에서 포기하기 위해 변명을 하는 것이다. 세상이 그리 만만하지 않지만, 반대로 그리 쉽게 가짜에게 속지도 않는다. 정약용은 말했다. "속이 바르면 겉모양이 단정해지고, 겉이 단정하면 남들이 우러러본다. 사람의 진심은 숨길 수 없고, 오래 가면 반드시 드러나게 된다." 이처럼 언젠가는 진짜와 가짜가 갈라지게 되어 있고, 결국 꾸준히 살아낸 자만이 증명하게 되어 있다. 이 과정을 견뎌내는 사람은, 언젠가는 스스로도 놀랄 만큼 멀리 와 있다는 걸 알게 될 것이다. 결국 진짜와 가짜는 자신과의 싸움에서 이기는 자와 지는 자로 나뉘는 것이다. 그러니, 끝까지 이겨내는 사람이 되길 바란다.

**"속이 바르면 겉모양이 단정해지고,
겉이 단정하면 남들이 우러러본다. 사람의 진심은
숨길 수 없고, 오래 가면 반드시 드러나게 된다."**

003

자신에게 맞는
옷을 입어라

목폴라 티를 입어 본 적이 있는가? 목폴라 티를 좋아하는 사람들은 그 특유의 분위기와 매력에 빠져, 추운 계절 내내 그것만 입기도 한다. 특히, 몸에 달라붙어 몸매를 부각해 주거나, 코트와 함께 입은 목폴라의 실루엣이 참 이쁘고 멋있다고 말한다. 하지만 시간이 지나면서 목을 조이는 그 답답함을 견디기 어려워하는 사람들도 있다. 목폴라 티를 싫어하는 사람들에게 들어보면, 하루 종일 답답함에 신경이 쓰여 빨리 벗고 싶다는 생각이 들어, 어느 순간부터 목폴라 티를 입지 않게 되었다고 한다. 이처럼 아무리 예뻐 보이고 비싼 옷이라 해도, 그건 그 사람에게 '좋은 옷'이 아니었던 것이다. 우리의 인생도 마찬가지다. 남들이 보기엔 좋아 보이는 직장, 멋져 보이는 인생이라 해도 그게 나에게 맞지 않으면 결국 나를 지치게 만들 뿐이다. 인생에서 가장 중요한 건 '보기 좋음'이 아니라 '나에게 맞느냐'이다. 정약용도 비슷한 이야기를 했다. "나는 소년 시절, 서울로 유학을 떠나 교류하던 이들의 수준이 낮지 않았다. 속물적인 세계를 벗어난 기품 있는 이들, 그들만으로도 깊은 마음을 나눌 수 있었다. 나는 공자와 맹자의 가르침을 따르려 애쓰며 더는 세속의 유행엔 관심을 두지 않았다. 그렇게 예의와 도덕에 한때 몰두했지만, 그런 태도가 오히려 유연함을 잊게 했고, 때론 그것을 후회하게 하기도 했다. 마음을 굳게 다지지 않으면 이 길이 어찌 순탄할 수 있겠는가. 내가 정한 길을 끝까지 가지 못하고 중간에 포기하면 사람들에게 조롱을 당하지 않을까 늘 두려움이 있었다." 그렇다. 아무리 좋은 것이라도 자신에게 맞지 않는 것은 보약이 아니라 독이 된다. 오늘날 많은 사람이 처음에는 좋아 보여서 무턱대고 시작하곤 한다. 하지만 일정 수준을 넘어 그것이 자랑이 되고, 사람들의 부러움을 받기 시작하면 그 시선에 묶여버리게 된다. 그래서 남들이 나를 실패한 사람으로 볼까 봐, 힘들어하는 모습에 자신을 조롱할까 봐, 포기하고 싶음에도 그것을 내려놓지 못한다. 정약용은 말했다. "아, 우리나라 사람들은 참 안타깝도다. 주머니 속처럼 좁고 막힌 곳에 살아 삼면은 바다, 북쪽엔 높은 산맥이 가로막혀 몸도 마음도 늘 펼 수 없다. 개인이 가진 뜻이나 이상도 펼치기 어렵고, 공자·맹자 같은 성현들의 가르침도 현실과는 너무 멀게 느껴진다. 이 어두운 세상을 밝혀줄 이는 누구인가." 정약용은 조선 시대의 현실에 대한 탄식과 함께, 그 안에서 도덕과 이상을 펼치기 어려운 환경을 안타까워했다. 글을 읽으며 안타까웠던 것은, 옛날에는 정말 몰라서 우물 안 개구리처럼 살았다면, 오늘날은 새로운 문화를 쉽게 접할 수 있음에도 여전히 같은 방식으로 살아가는 사람들이 많다는 점이다. 여기서 우리가 알 수 있는 건, 옛날이나 현대나 미래나 우리가 어떤 행동을 하든, 어떤 말을 하든, 누군가는 비난하고 또 누군가는 좋아할 것이라는 점이다. 그래서 그런 이들에게 휘둘리지 않는 사람이 되려면 나만의 '기준'과 그만한 '그릇'을 가진 사람이 되어야 한다. 정약용은 이렇게 말했다. "세상에는 마땅히 그 자리에 있어야 할 사람이 있고, 물러나야 할 자리가 있다. 벼슬이 아무리 높아도 그릇에 맞지 않으면 오히려 해가 된다." 결국 우리가 진짜 고민해야 할 것은 '어떻게 보이는가?'가 아니라 '어떤 것이 나에게 맞는가?'이다. 지금 있는 자리가 나에게 맞는 곳인지, 아니면 남들이 좋아 보인다고 해서 간 곳인지를 스스로 돌아봐야 한다. 삶은 결국 자신의 선택으로 채워지는 것이고, 그 선택의 방향은 기준이 있는 사람과 그렇지 않은 사람의 태도에서 갈린다. 정약용이 말했듯, 아무리 벼슬이 높고 화려해 보여도 그릇에 맞지 않으면 결국 자신을 해치게 된다. 마찬가지로, 아무리 좋아 보이는 길일지라도 내 마음이 편하지 않고, 나다움을 잃게 만든다면 그것은 결코 좋은 길이 아니다. 우리가 명심해야 할 것은, 나에게 무엇이 맞는지, 어떤 일을 할 때 스트레스를 덜 받고, 더 행복한지 잘 생각해 보는 것이다.

**"세상에는 마땅히 그 자리에 있어야 할 사람이 있고, 물러나야 할 자리가 있다.
벼슬이 아무리 높아도 그릇에 맞지 않으면
오히려 해가 된다."**

'탓'을 멈춰야 무섭게 성장한다

누구나 마음속으로는 "내 인생이 내가 원하는 대로 흘러가면 얼마나 좋을까"라고 생각하지만, 현실은 늘 그렇지 않다. 기대했던 일이 어그러지고, 애써 준비한 일이 생각보다 쉽게 무너지기도 한다. 아무리 노력해도 벽처럼 막히는 순간들을 마주할 때면, 사람은 점점 지치게 된다. 특히 그 이유가 나의 통제 밖에 있는 것들이라면 더욱 속이 상하게 된다. 내가 아무리 애써도 바꿀 수 없는 환경, 어쩔 수 없이 마주하게 되는 사람, 피할 수 없는 상황들. 이런 것들이 쌓이면 자연스레 '왜 이렇게 되었을까'라는 질문 대신, '이래서 안 되는 거야'라는 체념을 하는 것이다. 실제로 돈이 없어 배우고 싶은 걸 포기해야 하는 사람도 있고, 나이 제한 때문에 마음껏 꿈을 펼치지 못하는 학생들도 있다. 그러나 많은 이들이 성인이 되어 그런 제약에서 벗어나 자유롭게 무언가를 할 수 있는 시기가 오면, 한 가지 사실을 깨닫게 된다. 문제는 외부에 있는 것이 아니라, 자신 안에 있다는 것을 말이다. 취업 후 활기찬 직장 생활을 꿈꿨지만 '무례한 사람들 때문에 못 버티겠다'며 쉽게 퇴사하는 자신을 보게 되고, 멋진 몸을 만들고 싶다고 말하면서도 '시간이 없다'는 핑계로 운동을 미루는 자신의 모습을 마주하게 되는 것이다. 그렇게 몇 번의 의지박약인 자신을 느끼게 되면 점차 깨닫게 된다. 진짜 문제는 환경이 아니라, '자기 자신'이었다는 것을. 이런 사실을 빨리 인정한 사람은 지금 내게 주어진 작고 소중한 시간을 붙잡아 변화하려 한다. 반면, 끝까지 외부 탓만 하며 자신을 돌아보지 않는 사람은 결국 아무것도 바꾸지 못한 채 그 자리에 머무르게 된다. 정약용도 이렇게 말했다. "자연은 모든 것이 제때를 만나 기쁨을 누리는데, 나만은 어쩐지 앞이 막막하게 느껴진다. 나는 대체 무엇을 기다리며 이렇게 멈춰 있는가? 물질적 욕심이나 세상의 기준을 벗지 못한다면, 어찌 뜻을 크게 품고 분발할 수 있겠는가. 백 년 인생 안에서 뜻을 펼치지 못하고, 이 몸 하나도 내 뜻대로 할 수 없는데. 결국 자신을 잘 다스리는 것이 곧 세상을 다스리는 일이다. 그러니 함부로 남을 탓하기만 할 수 있겠는가."
정말 그렇다. 성장하는 사람은 탓하는 대신, 자신의 태도와 삶을 먼저 다스린다. 10분 일찍 일어나기, 불편한 사람 앞에서 예의를 지켜보기, 미뤄둔 일을 조금이라도 시작해 보기 등 이런 작은 행동들이 쌓여 인생을 바꾸는 것이다. 변화는 거창한 각오에서 나오는 게 아니라, 부족한 자신을 이겨내려는 작고 꾸준한 실천에서 비롯된다. 그런데도 나이가 들면 들수록 탓하는 마음이 고집이 되어 버린 사람들은 끝내 변하지 못하게 된다. 정약용은 말했다. "폐족(조상이 큰 죄를 지어 자손이 벼슬하지 못하게 된 집안)이라 해도, 그것은 단지 벼슬길이 막힌 것이지, 성인이 되거나 학문을 이루는 데는 아무런 걸림이 되지 않는다. 오히려 시험에 얽매이지 않고, 가난 속에서 마음을 단련할 수 있으니 더 나은 점도 있다. 율곡 이이는 사랑받지 못하고 방황하다가 도를 이루었고, 우담 정시한은 세상에 배척당하다가 학문으로 이름을 세웠으며, 성호 이익도 집안이 화를 입은 뒤 유학자로 명성을 얻었다. 이런 사람들은 부귀한 집안 자제들이 도저히 따라올 수 없었다. 폐족 중에도 걸출한 사람이 많은 것은 하늘이 그들을 불쌍히 여긴 것이 아니라, 그들이 학문에 마음을 기울였기 때문이다." 결국 중요한 건 어떤 조건과 환경에서 시작했느냐가 아니라, 어떤 마음으로 끝까지 나아갔느냐다. 누군가는 부족한 환경에서도 기회를 만들어내지만, 또 누군가는 조건만 탓하며 제자리걸음을 반복한다. 하지만 폐족을 당했든, 사랑을 받지 못했든, 세상에 배척당했든 해내는 사람은 과거에도 있었고, 지금도 있다. 그렇다면 우리는 여기서 생각해 보아야 한다. 나를 성장하지 못하게 하는 건 누구인지 말이다. 아마 바로 '탓하는 자신'일 것이다. 이런 부족한 자신을 인정하는 사람은 언젠가 반드시 그 어둠을 뚫고 나올 수 있다. 오늘날 많은 이들이 성공을 꿈꾸면서도 정작 자신 하나 바꾸지 못한 채 살아간다. 어찌 자신 하나 바꾸지 못하고 남 탓만 하는 사람이 세상 위에 설 수 있을까. 진심으로 바뀌고 싶다면, 불평보다 먼저 내가 어떤 태도로 살아가고 있는지를 돌아봐야 하고, 그동안 옳다고 믿어온 생각들, 남을 탓하며 정당화해 온 모든 핑계들을 내려놓아야 한다. 그것을 인정하고 바뀌려고 하는 순간, 내가 고쳐야 할 것들이 보이기 시작하는 것이다. 그렇게 인정하고 고쳐나가는 사람은 무섭게 성장할 수밖에 없다.

"폐족이라 해도, 그것은 단지 벼슬길이 막힌 것이지,
성인이 되거나 학문을 이루는 데는
아무런 걸림이 되지 않는다."

마음이 시키는
일을 해라

한국 사람들은 '우리'라는 말을 참 자주 쓴다. 우리 엄마, 우리 집, 우리 학교, 우리나라 등 자신의 애정이 깃든, 모든 곳에는 '우리'를 붙인다. '우리'라는 말 속에는 정서적 유대감과 소속감을 강조하는 한국 문화의 특성이 스며들어 있다. 개인보다는 공동체를 먼저 생각하고, 함께하는 삶을 중시하는 태도는 한국 사회의 큰 강점 중 하나이다. 어려울 때 서로 도우며, 누군가의 고통을 내 일처럼 여기는 따뜻함은 '우리' 문화가 만들어낸 가장 아름다운 결과물일 것이다. 하지만 '우리'라는 말이 때로는 누군가의 마음을 억누르는 말이 되기도 한다. '우리 가족이 원하니까', '우리 팀의 분위기가 이러니까', '우리 사회에서는 그런 행동은 이상해 보이니까' 하는 이유로, 자신이 정말 원하는 일을 하지 못한 채 살아가는 사람들이 그렇다. 생각해 보면 모두를 위해 참는 것이 미덕이 된 사회에서, 나보다 '우리'를 위해 자신의 감정과 욕망을 숨기는 사람들이 생겨나는 건 당연하다. 그래서 '튀지 말라', '남들 어떻게 하는지 보라'는 말을 자연스럽게 하고, 그런 말들에 의해 자신의 목소리를 내지 못하는 사람들도 많아진 것이다. 정약용은 이런 말을 했다. "기호는 성품의 발현이다. 입이 맛을 즐기듯, 마음은 의와 이치를 즐긴다. 양심을 거슬러 살면 기운이 위축되고, 정신이 흐려지며 사람다움을 잃는다. 모든 존재는 각자의 기호를 따라 살아간다. 그것이 곧 천성이다." 쉽게 말해, 우리가 무엇을 좋아하고 무엇에 끌리는가는 단순한 취향이 아니라, 그 사람의 성품에서 비롯된다는 것이다. 그래서 자신의 양심이나 도리, 올바름을 거슬러 살면 몸과 마음이 점점 무기력해지고, 혼란스러워져 결국 사람으로서 지녀야 할 도덕성이나 존엄함을 잃게 된다는 뜻이다. 이를테면 물고기는 물을, 새는 하늘을 좋아하듯, 사람도 각자 다른 본성과 기호를 지니고 태어나기 때문에 그것을 억지로 바꾸려 하지 말고, 자기 기호에 따라 자연스럽게 살아가는 것이 가장 순리라는 것이다. 나답지 못한 삶은 결국 자신을 무너뜨린다. 오늘날 많은 사람이 '우리'라는 말에 너무 익숙해진 나머지, 정작 '나'의 마음이 무엇을 원하는지는 잊고 살아간다. 그러다 보니 타인의 기대에 맞춰 살아가는 것을 당연하게 생각한다. 겉으로는 문제없이 살아가는 것처럼 보여도, 속은 점점 허전하고 무기력해지는 이유가 바로 여기에 있다. 정약용이 말했듯, 사람은 각자의 기호와 성품을 따라 살아갈 때 가장 자연스럽고 건강하다. 그런데 그 흐름을 거스르며 살아가니, 마음은 점점 지치고 기운이 빠지는 것이다. 그래서 우리는 '우리'라는 말 뒤에 숨어버린 '나'의 진짜 마음을 들여다볼 필요가 있다. 남들이 다 그렇게 하니까, 분위기를 해치면 안 될 것 같아서, 혹은 누군가의 기대를 저버리기 싫어서 했던 선택들이 과연 '나에게도 옳은 길이었는지'를 되돌아봐야 한다. 물론 우리는 함께 살아가는 존재이고, 공동체 안에서의 배려는 분명 소중한 가치다. 하지만 그 배려가 늘 '나'의 의견을 억누르고 무시하는 방식으로만 이루어진다면, 그것은 건강한 관계가 아니다. 관계란 일방적인 것이 아니라, 상호적인 것임을 기억해야 한다. 이제는 '우리'를 위해 '나'를 포기하는 것이 아니라, '나'를 제대로 이해하고 존중하는 것이 곧 더 나은 '우리'를 만드는 길이 될 수 있다는 사실을 잊지 말자. 그것이야말로 나답게 살아가는 방법이며, 함께 건강하게 성장할 수 있는 길이다.

"양심을 거슬러 살면 기운이 위축되고,
정신이 흐려지며 사람다움을 잃는다.
모든 존재는 각자의 기호를 따라 살아간다.
그것이 곧 천성이다."

006

좋아함이 깊으면,
미루지 않는다

 많은 사람이 꾸준함을 어려워한다. 하고 싶은 일은 많지만, 그것을 꾸준히 이어갈 여유가 없기 때문이다. 그러나 정약용은 이렇게 말했다. "한 가지 뜻을 세웠다면 반드시 어떤 한 인물을 본보기로 삼아, 그 사람과 같은 경지에 이르기까지는 절대 멈추지 말아야 한다. 이것이야말로 '용기'의 덕이라 할 수 있다." 꾸준히 해내기 어렵다면, 자신이 닮고 싶은 사람을 정하고 그 사람의 수준에 도달할 때까지 멈추지 말라는 뜻이다. 꿈은

크지만, 그것을 끝까지 밀어붙이지 못하는 사람들의 공통점은 '어떤 사람이 되고 싶은가?', '어느 정도까지 해내고 싶은가?'를 명확히 정하지 않았다는 데 있다. 그저 막연하게 "하고 싶다"라는 말만 되뇌는 것이다. 목표가 불분명하면 의지도 쉽게 흐려진다. 그리고 만약 목표는 분명한데도 자꾸 미루게 되고 귀찮아진다면, 그때는 정말로 이 일을 내가 '원하는가'를 다시 생각해 봐야 한다. 정약용은 이렇게 말했다. "내가 다산에서 연못을 파고 대를 쌓으며 밭농사에 마음을 다한 것은 후손에게 물려주기 위해서가 아니라, 본디 내가 그 일을 좋아해서였다. 진정으로 좋아한다면 '내 것', '네 것'의 구분은 없다." 자신이 진심으로 좋아하는 일을 하는 사람은 그 일을 남에게 미루지 않는다. 스스로 해내려 하고, 그 과정에서 기쁨을 느낀다. 정말로 좋아하고, 하고 싶은 일이라면 독기를 품고서라도 해내고자 한다. 꾸준함이란 억지로 참고 버티는 것이 아니라, 마음 깊이 원해서 스스로 움직이게 되는 힘이다. 억지로 하려 하면 어느 순간 무너지고 말지만, 진심에서 비롯된 열망은 힘들어도 다시 일어설 수 있는 원동력이 된다. 그리고 그 힘은 뚜렷한 목표와 삶의 의미에서 비롯된다. 누구를 닮고 싶은가, 어떤 모습으로 살아가고 싶은가를 구체적으로 그려볼수록 방향은 점점 선명해진다. 방향이 잡히면 속도는 중요하지 않다. 오늘 조금 느렸다면, 내일 조금 더 가면 된다. 중요한 건 매일 그 방향으로 나아가고 있다는 사실이다. 정약용이 말한 '용기의 덕'은 이처럼, 자신이 세운 뜻을 향해 멈추지 않고 걸어가는 의지를 말한다. 그는 글을 쓰든 밭을 일구든 언제나 즐거운 마음으로 몰두했다. 그렇게 할 수 있었던 이유는, 자신이 걷는 길의 의미를 분명히 알고 있었기 때문이다. 세상과 단절된 유배 생활 속에서도 그는 오히려 자신만의 길을 더욱 확고히 다져갔다. 우리도 이 정신을 배워야 한다. 일이 힘들고 지치는 건 누구에게나 있는 일이다. 하지만 그 일이 내 삶에 주는 의미가 분명하다면, 다시 걸을 수 있는 에너지가 생긴다. 그러니 우리도 먼저 자신에게 물어보자. "나는 정말 이 일을 좋아하는가?" 만약 그렇다면 멈추지 말고, 본보기를 세워 큰 뜻을 이루기까지 걸어가 보자. 매일 단 한 걸음일지라도 어제보다 더 나아간다면, 그 노력이 모여 당신의 인생이 될 것이다.

"진정으로 좋아한다면 '내 것', '네 것'의 구분은 없다."

운명처럼
받아들이지 마라

 자꾸 안 좋은 일이 생긴다고 해서 "이건 내 길이 아니구나" 하고 쉽게 포기하는 사람들이 있다. 하지만 그것이 정말 '뜻이 아닌' 걸까? 아니면 단지 과정 중의 '고비'일 뿐일까? 우리는 이 질문에 대해 깊게 고민해 봐야 한다. 분명, 무언가를 시작하면 반드시 한두 번쯤은 꼬이고, 예상치 못한 장애물과 마주하기 마련이다. 근데 하늘의 뜻이 아니라며 쉽게 그것을 포기하는 사람들이 생각보다 많다. 대부분 뜻이 아닌 것처럼 느껴질 때는 힘들고 지칠 때다. 처음엔 자신 있게 시작했지만, 시간이 지날수록 결과가 안 나오고, 계속 안 좋은 일만 겹치면 누구든 흔들릴 수밖에 없다. 그럴 땐 '내가 잘못된 선택을 한 걸까?' 하고 의심하게 되는 것도 당연하다. 하지만 기억해야 할 것이 있다. 뜻이 있는 길이라 해서 항상 순탄한 법은 없다는 것이다. 오히려 진짜 뜻이 있는 길일수록 더 많은 시련과 마주하게 된다. 정약용은 말했다. "큰 그릇이 되려면 반드시 용광로의 불에 들어가고, 망치질을 여러 번 견뎌야 하는 법이다." 쉽게 만들어진 그릇은 쉽게 깨지는 법이다. 반면에 불과 망치를 견뎌낸 그릇은 단단하고 오래 가게 되어 있다. 우리의 인생도 그렇다. 처음에는 순조롭게 흘러가던 일이 어느 순간 예상치 못한 어려움에 부딪히고, 그 고비가 길어지면 마음은 쉽게 지치게 된다. 하지만 그 시련이 곧 나를 단련하는 시간일 수 있다. 단지 결과가 늦게 오는 것일 뿐, 결코 잘못된 길을 걷고 있는 것이 아니다. 정약용은 이런 말도 했다. "요컨대 알아야 할 점은, 아침에 햇볕을 먼저 받는 곳은 저녁에 그늘이 빨리 들고,

일찍 피는 꽃은 시드는 것도 빠르다는 진리이다. 운명은 돌고 돌아 한순간도 멈추지 않는 것이니, 이 세상에 뜻이 있는 사람은 한때의 재해 때문에 높은 뜻까지 꺾여서는 안 된다. 사나이의 가슴 속에는 가을 매가 하늘로 치솟는 기상을 지니고서, 하늘과 땅이 눈 안에 들고 우주가 손바닥 안에 있듯이 생각하고 있어야 옳다." 즉, 무언가를 빨리 얻으면 빨리 잃을 수도 있고, 눈앞의 유리함이 오히려 오래 가지 않을 수 있기 때문에, 잠깐의 시련이나 속도에 휘둘리지 말고, 궁극적인 목표를 향해 우직하게 나아가는 사람이 결국 그 뜻을 이룰 수 있다는 것이다. 그래서 우리는 안 좋은 일이 생길 때일수록 더 냉정하게 자신을 돌아봐야 한다. 그 일이 정말 나와 맞지 않아서 힘든 것인지, 아니면 지금 잠시 어려운 고비를 지나고 있는 것인지 분별할 줄 알아야 한다. 바람이 불 때마다 방향을 바꾸는 배는 결국 어느 항구에도 닿지 못한다. 마찬가지로, 시련 앞에서 자주 방향을 바꾸는 사람은 결국 목표에 도달하지 못한다. 목표를 이루기 위해 중요한 건 흔들리지 않는 마음이 아니라, 흔들릴 때마다 다시 바로잡는 힘이다. 안 좋은 일이 반복된다고 해서 그 길이 잘못된 것은 아니다. 그러니 너무 쉽게 단정 짓지 말자. 그리고 명심하자. 목표를 이룰 수 있느냐 없느냐를 결정짓는 것은 '상황'이 아니라, 나의 '의지'라는 것을.

**"큰 그릇이 되려면 반드시 용광로의 불에 들어가고,
망치질을 여러 번 견뎌야 하는 법이다."**

날을 구분 짓지 마라

우리가 인생에서 저지르는 가장 큰 실수 중 하나는, 일이 잘 풀리지 않는 날을 '최악의 날'로 여기고, 일이 잘 풀리는 날을 '운수 좋은 날'이라 생각하는 것이다. 물론 감정은 하루의 상황에 따라 달라질 수 있다. 그러나 그날의 기분이나 결과만으로 인생 전체를 판단하는 습관은 위험하다. 일이 잘 풀렸다고 해서 내 삶 전체가 잘 흘러가고 있는 것도 아니고, 일이 꼬였다고 해서 인생이 틀어졌다고 단정 지을 수는 없다. 그런 순간적인 감정을 곤잘 '삶의 기준'처럼 여기게 되면, 우리는 단 한 번뿐인 삶을 좋고 나쁜 날로 나누는 잘못된 판단에 빠지게 된다. 그리고 그런 생각은 오히려 우리를 더 불행하게 만든다. 정약용은 좋은 날과 그렇지 않은 날을 구분하려는 습관에 대해 이렇게 말했다. "1년 365일 중 어느 하루도 우리가 본래의 성품과 생명을 바로 세우고, 충성과 효를 다하지 않아도 되는 날은 없다. 그러니 매일매일이 모두 길일(吉日)이요, 좋은 날(良日)이다. 하지만 사람들은 어느 순간부터 날짜를 고르기 시작했고, 한 달 중 열에 아홉은 '나쁜 날'이라며 쓰지 않게 되었다. 급기야 1년 중 절반의 시간을 '쓸 수 없는 날'로 여기는 지경에까지 이르렀다. 참으로 어이없고 잘못된 일이다." 어떤 하루를 '특별한 날'로 정하는 순간, 우리는 그날을 뜻대로 보내지 못했을 때 실망하게 된다. 반대로, 지나치게 특별하게 보내면 다음 해 같은 날이 왔을 때 그만큼 특별하길 기대하게 된다. 결국 이 모든 비교와 실망은 반복되고, 삶은 점점 더 무겁게 느껴진다. 우리가 굳이 하루를 나누려 하는 이유는, 그만큼 행복하고 싶기 때문이다. 하지만 진정으로 행복한 삶을 살기 위해서는, 먼저 '반드시 행복해야 한다'는 강박부터 내려놓아야 한다. 행복을 움켜쥐려는 마음이 클수록 우리는 더 많은 것을 비교하게 되고, 그만큼 더 쉽게 좌절하게 된다. 이 강박에서 벗어나 하루를 있는 그대로 바라보면, 소중한 것들이 눈에 들어오기 시작한다. 효도할 기회도, 사랑을 표현할 시간도 '특별한 날'에만 존재하는 것이 아니다. 바로 지금 이 하루, 평범해 보이는 오늘 속에 모두 담겨 있다. 인생에는 덜 행복한 날도, 더 불행한 날도 없다. 우리에게 주어진 건 단지 감사할 날과, 더 나아지는 날뿐이다. 그러니 날이 잘 풀리지 않았다고 해서 스스로를 탓하거나, 반대로 일이 잘 풀렸다고 해서 과하게 특별한 의미를 부여할 필요는 없다. 결국 하루하루는 그 자체로 이미 충분히 의미 있다. 중요한 건 그 하루를 어떤 마음으로 대하고, 어떻게 살아가는가이다. 때로는 평범한 하루 속에서 예상치 못한 기쁨을 찾을 수도 있고, 뜻하지 않은 고비 속에서도 감사할 이유를 발견할 수 있다. 정말 매일을 특별한 날로 만들고 싶다면, 특별한 일이 생기기를 기다릴 것이 아니라, 지금 이 하루를 정성스럽게 살아내야 한다. 누군가에게 따뜻한 말을 건네는 것, 스스로에게 수고했다는 인사를 하는 것, 아무것도 아닌 것처럼 보이는 그 작은 행동들이 오늘을 특별하게 만든다. 정약용이 말했듯, 어느 하루도 그냥 흘려보낼 날은 없다. 충성과 효를 다할 수 있는 날, 마음을 다스릴 수 있는 날, 그것이 바로 오늘이다. 너무 멀리 있는 행복만을 좇느라, 지금 이 하루를 소홀히 여기지 말자. 눈앞의 오늘이 모여 한 해가 되고, 그 해가 쌓여 인생이 된다. 좋은 날은 따로 정해진 것이 아니라, 오늘을 어떻게 살아가는가에 달려 있다.

"1년 365일 중 어느 하루도
우리가 본래의 성품과 생명을 바로 세우고,
충성과 효를 다하지 않아도 되는 날은 없다."

009

유혹 앞에서
흔들리지 마라

 큰 뜻을 품었다면, 그 뜻을 지키기 위해 반드시 유혹을 이겨내야 한다. 처음 마음은 누구나 곧고 맑다. 세상을 바로 보고, 바르게 살고 싶다는 의지는 어쩌면 인간 안에 자연스레 깃든 본성일지도 모른다. 하지만 시간이 흐르고 삶이 복잡해지면서 찾아오는 수많은 유혹 앞에서 그 본래의 뜻은 점점 흐려진다. 정약용은 말했다. "세상살이는 술 마시는 것과 비슷하다. 처음 마실 때는 천천히, 조심조심 시작하지만, 곧 취기가 올라 본래 마음을 잃어버린다. 취하면 정신이 흐려져 백 잔을 마시고도 거친 숨을 몰아쉬며 술을 계속 마신다. 세상에는 마음을 편히 두고 올바르게 살 수 있는 길이 많지만, 슬기로운 자만이 그것을 실천한다." 그의 말처럼 많은 사람들의 각오도 대부분 이런 식으로 무너진다. 처음에는 작은 타협으로 시작된 것이 걷잡을 수 없는 정도로 커진다. 그래서 큰 목표를 가진 사람일수록 초심을 잘 붙잡아야 한다. '이 정도쯤이야' 하는 마음이 결국 작은 균열을 만들고, 나중에는 그 균열이 무너진 제방처럼 모든 것을 쓸어간다. 아무리 좋은 뜻을 품었더라도, 현실 앞에서는 누구나 약해진다. 결국 그 유혹을 이겨내는가, 이겨내지 못하는가에 따라 성공하는 사람과 중도에 포기하는 사람으로 나뉘게 된다. 유혹을 이겨내는 것이 단순히 의지의 문제만은 아니다. 정약용은 말했다. "마음속 뜻이 천박하고 저속하면, 아무리 억지로 그럴듯하고 고상한 말로 꾸미려 해도, 그 안에서 제대로 된 조리가 생겨나지 않는다. 또한 생각이 편협하고 비루하면, 아무리 화려한 말로 치장한다 해도 사물의 진실한 정황을 제대로 담아내지 못하게 된다. 그렇기에 시를 배우는 사람이 그 안에 담긴 '뜻'을 헤아리지 않는 것은, 썩은 땅에서 맑은 샘물을 길어 올리려는 것이며, 악취 나는 가죽나무에서 향기로운 냄새를 얻으려는 것과 다를 바 없다. 이런 자세로 평생을 시에 힘쓴다 해도, 얻는 바가 없을 것이다. 그렇다면 어떻게 해야 하는가? 하늘과 인간 사이의 이치, 그리고 사람의 타고난 본성과 목숨·운명의 원리를 먼저 이해해야 한다. 그런 다음, 인간 안에 있는 바르고 순수한 마음과, 욕망에 따라 움직이는 흔들리는 마음을 잘 구분할 줄 알아야 한다. 그리고 삶 속에서 생긴 혼탁하고 거친 감정이나 욕심들을 깨끗이 비워내, 본래 맑고 참된 마음이 드러나도록 해야 한다." 결국 진심에서 우러나오는 뜻이 없으면, 어떤 행위도 껍데기에 불과하다. 그렇기에 삶의 중심을 지키고자 한다면, 무엇보다 먼저 내 마음의 상태부터 바로 세워야 한다. 크고 선한 뜻은 단단한 내면에서 비롯되며, 그 뜻을 지키는 힘은 겉모습이 아닌 마음속 깊은 곳에서 자라난다. 유혹 앞에서도 흔들리지 않으려면, 매일 내 마음을 들여다보고, 바른길에서 벗어나지 않도록 스스로를 다스리는 습관이 필요하다. 마음이 바르면 길도 바르게 열릴 것이다.

**"마음속 뜻이 천박하고 저속하면,
아무리 억지로 그럴듯하고 고상한 말로 꾸미려 해도,
그 안에서 제대로 된 조리가 생겨나지 않는다."**

Chapter. 02

어떤 사람을 만나고 어떻게 사람을 대해야 하는가

다산 정약용

어떤 사람을
벗으로 둬야 하는가

정약용은 친구 관계에 대해 이렇게 말했다. "문예(글과 예술)로 친구를 사귀는 사람은, 종종 글솜씨나 재능을 다투다가 한 문장 한 구절의 잘하고 못한 데에서 마음의 틈이 생기고, 결국 그 좋던 우정조차 지켜내지 못하게 된다. 명절(의리와 신념)로 친구를 사귀는 사람은 서로 자신의 기개를 높이려 하다가 고집과 굽힘의 차이로 인해 뜻이 엇갈려 멀어지게 된다. 도학(도리와 학문)으로 친구를 사귀는 사람은 경전의 뜻이나 예의범절의 해석에서 논쟁이 생겨, 마침내는 친구가 아니라 원수가 되어버리는 경우도 수없이 많다. 그러나 덕행(착하고 바른 마음)으로 맺은 우정만은 다르다. 처음엔 서로의 마음에 감동하고 사모하게 되고, 시간이 지나면서 더더욱 화합하고, 서로 영향을 주고받으며, 마침내는 금과 돌처럼, 또 붙이는 성질이 있는 아교(끈끈한 약제)와 옻(옻나무 끈끈한 수액)처럼 단단하고 친밀한 관계가 되어 결코 떨어질 수 없게 된다. 참된 친구를 얻기는 지극히 어려운 일이지만, 일단 그런 친구를 얻으면 변치 않게 되는 것이니, 바로 이것이 군자의 우정이라 할 수 있을 것이다. 내 아버지도 한때는 친구가 없었다. 고향에서 조용히 지내시며 사귐을 즐기지 않았기에 마흔이 되도록 벗 하나 없었다. 그러던 어느 날, 항공을 만나고 나서 기뻐하며 집으로 돌아오셨다. 아우들에게 말씀하시길, '이분은 나의 벗이다. 나는 이제야 진정한 벗 하나를 얻었다.' 하셨다. 항공 역시 자기 친지들에게 같은 말을 했다고 한다. 그 뒤로 두 분은 병들거나 걱정이 있거나, 슬픈 일이 있을 때마다 서로 돌보고 위로하며, 마치 형제처럼 의지하셨다. 함께 웃고, 함께 대화하고, 서로에게 시를 보내어 응답하는 것이 무려 30년이 되었을 즈음, 아버지가 세상을 떠나셨다. 그러자 항공은 우리 형제들을 친조카처럼 보살펴 주셨고, 숙부들과도 마치 친형제처럼 지내셨다. 그러다 4~5년 뒤, 항공마저 돌아가셨다. 나는 이 일을 통해, 덕으로 맺어진 우정은 변하지 않는다는 진리를 알게 되었다." 결국 어떠한 관계든 조건 없이 서로에 대한 착하고 바른 마음으로 사람을 만나면 진정한 친구가 되고, 어떠한 조건을 갖고 사람을 만나게 된다면 결국 그것에 의해 틀어지게 된다는 것이다. 우리는 이 점을 깊이 보아야 한다. 많은 이들이 인간관계로 힘들어하는 큰 이유 중 하나는 이러한 사실을 간과하고, 쉽게 사람을 가까이하기 때문이다. 그래서 사람을 만날 때 공과 사를 구별해 친해져야 한다. 일로 인해 친해졌다면 일하는 동료로 봐야 하고, 취미로 인해 친해졌다면 취미를 함께 하는 친구로 남겨야 한다. 그런데 대부분 조금만 친해지면 나의 모든 것을 이해하고 함께 해줄 사람으로 생각하기 때문에 쉽게 틀어지고 힘들어하는 것이다. 또한 동고동락하며 지내 온 관계가 아닌 이상, 친구가 많은 사람과도 빠르게 친해지려 하지 말아야 한다. 친구가 많은 사람은 두 가지 경우다. 정말 인품이 훌륭하거나, 사람을 쉽게 보거나. 생각보다 후자의 경우가 많아서 외로움이나 사회적 필요 때문에 관계를 서두르기도 하고, 상대의 조건이나 배경에 이끌려 쉽게 다가가기도 한다. 하지만 그렇게 시작된 관계는 겉보기엔 가까워 보여도, 마음 깊은 곳까지는 닿지 못한 채 작은 부딪힘에도 쉽게 흔들리게 된다. 그래서 친구가 많은 사람일지라도 친구가 많은 이유가 있겠지, 하며 쉽게 친해지지 말아야 한다. 진정한 우정은 이해득실이나 상황의 유불리를 따지지 않는 데서 비롯된다. 그렇다면 진정한 친구는 어떻게 구분할 수 있을까? 이는 간단하다. 특별한 계기나 이유 없이도, 말을 하지 않아도, 함께 있다는 사실만으로 마음이 편안한 마음이 든다면 그것이 바로 조건 없는 관계다. 반면 어떤 상황이나 계기가 사라졌을 때 함께할 이유를 찾기 어렵다면, 그것은 조건에 기반한 관계일 가능성이 크다. 만약 자신의 관계가 조건으로 맺어진 관계라면, 깊이 기대하기보다는 그 조건이 허락하는 만큼의 거리를 두는 것이 현명할 수 있다. 단지 오래 알았거나 함께한 시간이 길다는 이유로 맞지 않는 관계를 붙잡고 있을 필요는 없다. 그렇다고 누구를 만나야 하고 만나지 말아야 한다는 식의 엄격한 기준을 세울 필요도 없다. 정약용은 이런 말을 했다. 맹자가 말한 바 있지 않은가. "한 나라의 훌륭한 선비만이, 또 다른 훌륭한 선비를 친구로 삼는다." 사람에게는 결이란 게 있다. 인간관계는 결이 다른 천을 잇는 일과도 같다. 겉으로는 잘 맞는 듯 보여도, 시간이 흐르면 각자의 결이 드러나 서로를 밀어내기도 한다. 억지로 꿰맨 자리는 시간이 갈수록 틈이 벌어지고, 끝내는 다시 떨어져 버린다. 반면 처음부터 결이 잘 맞는 사람은 함께 있어도 어색함이 없고, 함께 세월을 겪어도 쉽게 닳거나 해지지 않는다. 결국 중요한 건 얼마나 화려한 천이냐가 아니라, 얼마나 자연스럽게 이어질 수 있는 결이냐는 것이다. 겉모습이나 조건이 아닌, 마음의 결이 맞는 사람을 곁에 두어야 오래 간다. 그리고 현명한 사람과 뜻이 바른 사람은 멀리서도 서로의 결을 알아보며, 이들은 자연스레 맞닿게 되어 있다. 그래서 우리는 억지로 사람을 끌어당기기보다, 스스로 어떤 마음을 지니고 살아가느냐를 먼저 돌아봐야 한다. 내 마음이 따뜻하고 바르다면, 그런 사람은 어느 순간 나와 인연이 닿게 되어 있다. 억지로 쥐려 하지 말고, 조건 없이 머무를 수 있는 사람이 되는 것이 더 빠를 것이다. 결국 오래 가는 인연은 노력해서 얻는 것이 아니라, 서로의 진심이 자연스럽게 머물렀기 때문이라는 점을 명심하자.

**"덕으로 맺어진 우정은
변하지 않는다는 진리를 알게 되었다."**

002

사람을 신중하게
거둬라

높은 자리에 사람을 세울 때 단순한 호의나 순간의 감정으로 이뤄져선 안 된다. 정약용은 『다산시문집』에서 이렇게 말했다. "높은 자리에 있는 사람일수록 더욱 신중해야 한다. 사람들은 자주 자신을 과소평가하고, 스스로를 업신여긴다. 그래서 말이 막 나가거나, 아무렇게나 사람을 칭찬하거나 헐뜯고, 생각 없이 억누르거나 부추기면서, 결국 그로 인해 사람의 명예와 이익이 크게 엇갈리게 되는 상황을 잘 이해하지 못한다. 자격이 없는 사람에게 지위를 허락하면 그 책임은 나 혼자만 질 수 있지만, 오히려 자격 있는 사람을 배척하면 그 해악은 결국 다른 이들에게까지 번지게 된다. 더구나 은혜와 원한은 한마디 말에서 생기기도 하고, 재앙과 복도 때로는 단 한 글자의 문장에서 비롯되기도 한다. 그러니 사리에 밝은 선비라면 이 점을 깊이 새기고 늘 경계해야 한다." 이 말은 단지 옛 조정이나 관직 사회에만 해당하는 이야기가 아니다. 오늘날의 사회, 회사, 학교, 작은 공동체 어디에서든 통하는 진리다. 권한을 가진 사람이 신중하지 않으면, 자격 없는 사람이 이끄는 조직은 곧 방향을 잃고 흔들리기 마련이다. 중요한 자리에 사람을 세운다는 건, 단지 '세운다'는 행위 자체가 아니라, 그 자리가 지닌 무게를 함께 감당해야 하는 일이다. 그래서 그런 무게를 아는 사람을 둬야 한다. 그럼에도 친분이 있고, 아부를 잘 떤다는 이유로 그런 사람을 지위에 세우면 그 조직은 쉽게 무너지게 된다. 그러나 무능한 사람을 리더로 세우는 것보다 더 무섭게 생각해야 할 건, 정약용이 말한 것처럼 무능한 사람의 말과 행동으로 인해 자격 있는 사람을 외면하거나 시기하는 것이다. 그리고 그런 영향력이 다른 이들에게도 번지는 것이다. 예를 들어 능력 없는 사람을 중요한 자리에 앉히면, 그들은 자기가 실력이 없으니, 일이 많다고 느껴 일을 떠넘기게 된다. 그럼, 조용히 제 몫을 잘 해내던 인재들은 점점 그런 상황에 지쳐 퇴사하게 된다. 그럼, 또다시 다른 열심히 하는 직원들과 평범하게 일하던 사람들도 인재들의 일을 맡게 되고, 결국 그들도 지쳐 떠나가게 된다. 결국 회사엔 무딘 사장과 무능한 직원들만 남아, 악순환이 반복되는 것이다. 그러니 단순히 호들갑을 떨며 책임을 피하는 사람들의 말에 귀를 기울이지 않도록 조심해야 한다. 만약 누군가가 맡은 일을 유독 쉽게 해내는 것처럼 보인다면, 그건 일이 쉬워서가 아니라, 그 사람이 그 일을 능숙하게, 요령껏, 해왔을 가능성이 크다고 보는 게 맞다. 조직의 리더가 가져야 할 가장 기본적인 덕목은 이러한 인재들을 고르고 바라볼 줄 아는 '통찰력'이다. 겉으로 드러나는 말솜씨나 눈에 띄는 포장에 휘둘리지 않고, 타인의 수고를 알아보며, 말없이 묵묵히 조용히 일하는 이들의 가치까지 알아볼 줄 아는 사람은 조직을 더욱 발전적으로 만들게 될 것이다. 특히, 이런 수고와 노고를 볼 줄 아는 사람은 실제로 무게를 감당해 본 사람이다. 독감도 걸려봐야 얼마나 아픈지 알고, 공부도 해봐야 왜 엉덩이 싸움인지 알게 되는 것처럼, 그것을 해본 사람이 더 잘 볼 줄 아는 것이다. 자리를 맡긴다는 건 그 사람에게 '책임'을 더하는 일이기에, 그만한 무게를 감당할 수 있는 사람인가를 먼저 살펴보길 바란다. 명심하자. 조직을 지탱하는 건 말을 잘하는 사람이 아니라, 묵묵히 자리를 지키는 사람들이다.

"자격 있는 사람을 배척하면
그 해악은 결국 다른 이들에게까지 번지게 된다"

듣기 좋은 말만 하는 사람은 멀리하라

우리가 더 성장하기 위해서는 주변 사람이 매우 중요하다. 어떤 사람을 곁에 두느냐에 따라 나의 미래가 달라지기도 한다. 내가 파리 같은 사람을 만나면 변소 주위를 함께 거닐게 되고, 꿀벌 같은 사람을 만나면 꽃밭을 함께 거닐게 된다. 그러나 꿀벌 같은 사람을 곁에 두는 것보다 더 중요한 것은, 파리 같은 사람을 곁에 두지 않는 것이다. 대부분은 좋은 사람을 곁에 두면 자신도 쉽게 성장할 것이라 생각한다. 그러나 성장에는 오랜 시간이 걸리는 반면, 퇴보는 한순간이다. 예를 들어 의자 위에 서 있다고 해보자. 내가 누군가를 끌어올리는 것보다, 누군가가 나를 아래로 끌어내리는 것이 훨씬 쉽고 빠르다. 내가 아무리 좋은 가치관을 갖고 살아간다 해도, 좋지 않은 사람을 곁에 두면 쉽게 그 영향을 받게 된다. 그렇기에 좋은 사람을 곁에 두는 것만큼이나, 좋지 않은 사람을 멀리하는 것이 중요하다. 정약용은 곁에 두면 가장 위험한 사람에 대해 이렇게 말했다. "10년 전 서울에서 여러 벗들과 함께 학문과 도리에 대해 토론하던 무렵, 갑이 입에 침이 마르도록 을을 칭찬하면 을은 도저히 감당할 수 없다며 사양했고, 을이 갑을 더욱 치켜세우면 갑은 듣기 무섭게 겸손해했다. 그러나 결국 수년 뒤에 이들은 자기 이익과 명예만 바라보고 행동하게 되었고, 끝내 도리를 우뚝 세운 이는 없었다. 이 일은 진정 깊이 경계해야 할 일이다. 벗을 귀히 여기는 이유는 서로 진심으로 좋은 길로 가도록 격려하고, 함께 끊임없이 배우고 노력하며 함께 발전하고 성장할 수 있기 때문이다. 벗의 어리석음과 게으름은 마치 뼈에 침을 놓듯 날카롭게 경계해야 하고, 잘못과 죄는 마치 눈을 칼로 깎듯 철저히 바로잡아야 하는 것이다. 설령 어떤 벗에게 훌륭한 재주와 덕이 있다고 하더라도, 내가 무엇 때문에 그를 공연히 칭찬해야 할까? 더구나 유행에 휩쓸린 비속한 무리를 지나치게 칭찬하게 되면, 이는 그를 도리어 세상의 웃음거리로 만드는 셈이니, 칭찬한 사람도, 칭찬을 받은 사람도 함께 그릇된 행동을 하는 것이 된다. 우리는 학문의 길을 함께하는 동문과 같은 사이이니, 잘못이 있다면 서로 경계해야지, 그저 듣기 좋은 말만 주고받으며 일시적인 기쁨만을 추구해서는 안 된다." 정약용은 칭찬만 하는 사람을 가장 멀리하고자 했다. 서로를 귀히 여기는 이유는 서로의 부족한 점을 지적하고 함께 성장하기 위해서지, 좋은 말만 해주는 관계라면 결국 서로를 퇴보하게 할 뿐이라는 것이다. 도리어, 당신에게 매번 좋은 말만 해주는 사람이 있다면, 그 사람은 당신을 망치고 싶어 하는 사람일지도 모른다. 예를 들어, 누군가를 망가뜨리고 싶은 상황이라고 생각해 보자. 지능이 높은 사람은 그 사람이 하는 일을 사사건건 방해하는 게 아니라. 무조건 하고 싶은 대로만 하라고 말할 것이다. 편식이 심한 사람에게는 맛있는 인스턴트 식품만 계속 먹으라고 말하고, 공부를 싫어하는 사람에게는 피곤하면 자라고 말하며, 일하기 싫어하는 사람에게는 힘들면 그만둬도 된다고 말할 것이다. 그럼, 어느 순간 그 사람은 사회 부적응자가 되어 있을 것이다. 그래서 당신에게 늘 '괜찮다'라며 하고 싶은 대로 하라고 말하는 사람이 있다면 무조건 멀리해야 한다. 반대로 당신이 잘못된 행동을 했을 때 부모님처럼 진심으로 화를 내고 타이르는 사람이라면 꼭 곁에 두어야 한다. 당신을 정말 아끼기에, 관계가 멀어질 거 같음에도 당신을 위해서 하는 말인 것이다. 그러나 대부분이 자신에게 쓴소리를 하면 자신을 싫어한다고 생각해 그 사람을 멀리하고, 좋은 말만 해주면 자신과 결이 같다고 생각해 곁에 두려 한다. 그러니 큰 뜻을 품었다면, 절대 주변에 좋은 말만 하는 사람만 두지 말자. 평안함 뒤에는 나태함이 있고, 안정감 뒤에는 무뎌짐이 있으며, 익숙함 뒤에는 소홀함이 있고, 여유 뒤에는 해이함이 있다. 또한 관대함 뒤에는 경계의 무너짐이 있고, 사랑받음 뒤에는 당연함이 있으며, 칭찬 뒤에는 교만이 숨어 있다. "나는 안 그래."라고 생각하는 순간부터 방심이 시작될 것이다. 사람 일은 아무도 모른다. 그렇기에 자신을 지나치게 믿지 말고, 늘 경계하며 현실을 똑바로 바라보려 노력해야 한다. 현실을 똑바로 보려면 내 말에 고개만 끄덕이는 사람보다, 때로는 날카롭게 질문하고 솔직하게 조언해 주는 사람을 곁에 둬야 한다. 진심 어린 조언은 듣기 불편할지 몰라도, 결국 나를 더 단단하게 만든다. 명심하라. 좋은 말보다 바른말이 나를 지켜줄 것이다.

**"잘못이 있다면 서로 경계해야지,
그저 듣기 좋은 말만 주고받으며
일시적인 기쁨만을 추구해서는 안 된다."**

004

높고 낮음으로
사람을 대하지 마라

  누군가를 만날 때, 우리는 무의식중에 그 사람의 '급'을 매기려 한다. 나보다 사회적 지위가 높은지, 경제적으로 여유로운지, 혹은 사람들에게 얼마나 인기 있는지 본능적으로 급을 매기게 되는 것이다. 문제는 그렇게 매긴 급에 따라 태도를 달리하는 사람이 있다는 것이다. 말투가 달라지고, 표정이 바뀌며, 그 사람에게 보이는 존중이나 배려의 정도가 달라진다. 그러나 이는 매우 위험한 습관이다. 사람을 위치로 대하기 시작하면,

그 사람이 어떤 사람인지 보지 못하고, 그가 가진 외적인 껍데기만 바라보기 때문이다. 높은 자리에 있다고 해서 인격까지 반드시 뛰어난 것은 아니며, 낮은 자리에 있다고 해서 그 마음마저 가벼운 것도 아니다. 정약용은 어느 과거 시험에서 지인의 답안을 엿볼 기회가 있었는데, 당시에는 경전 해석이나 문장 표현이 다소 부족해 보여 의심스러운 마음을 품었다고 한다. 그런데 나중에 그가 지은 시를 읽고는 그 뛰어난 재능에 깊이 놀랐고, 이후 그의 편지를 통해 문장의 깊이와 기세가 크고 장대하다는 것을 느끼며 비로소 '큰 소는 쥐를 잘 잡지 못한다'는 말의 의미를 깨달았다고 말했다. 즉, 큰 인물은 오히려 자잘한 부분에서는 두드러지지 않을 수 있다는 뜻이다. 그런데 겉모습이나 작은 인상만으로 높고 낮음을 판단한다면, 작은 흠만 보다가 오히려 진짜 좋은 사람을 쉽게 놓쳐버릴 수도 있다. 진정한 품격이란, 강자 앞에서 고개를 숙이지 않고, 약자 앞에서 고개를 들지 않는 데서 드러난다. 누구에게나 같은 눈높이로 말하고, 같은 마음으로 대하는 사람이야말로 결국 가장 깊고 단단한 인간관계를 맺게 된다. 정약용은 또 이렇게 말했다. "예전 친구들 가운데 높은 자리에 오른 사람이 있으면, 어떤 사람들은 그 친구를 부귀해진 사람으로 여기고 괜히 주눅이 들어 그 집을 찾아가는 것조차 부끄러워한다. 하지만 이는 내가 부끄럽거나 그 사람을 나쁘게 여겨서가 아니라, 실제로는 간사한 자들의 이간질 때문인 경우가 많다. 우리는 비록 가난하고 평범하며 세상 돌아가는 일에 둔한 사람들이라 할지라도, 혹은 설사 지위가 높다 해도 결국은 조용히 살아가는 늙은 선비일 뿐이다. 그런 우리라도, 어떤 이의 글과 말이 본받을 만하다면 어찌 그를 찾아가 교류하지 않겠는가? 결국 중요한 건 지위가 아니라 그 사람의 됨됨이다." 아무리 지위가 높아도, 사람은 결국 사람이다. 누군가가 거칠고 무례하게 행동하면 본능적으로 거리를 두게 되고, 따뜻하고 예쁘게 행동하면 한 번이라도 더 마음이 향하게 되는 것이 사람의 마음이다. 결국 내가 좋은 사람이 되면, 아무리 대단한 사람이라 해도 나를 눈여겨보게 되어 있다. 반대로 자신을 더 돋보이게 만들기 위해 타인을 깎아내리고, 사람을 급으로 나누며 대한다면, 결국 자신도 똑같이 평가당하게 된다. 우리는 사람을 만날 때, 먼저 그 '사람됨'을 보려는 노력이 필요하다. 화려한 스펙이나 지위에 앞서, 그의 말투와 눈빛, 타인을 대하는 태도를 살펴보는 것이 진짜 안목이다. 세상의 기준은 언제든 변하지만, 품격과 진심은 시대를 넘어 통하는 법이다. 결국 사람과 사람 사이를 이어주는 건 이해와 존중, 그리고 겸손한 마음이다. 진심을 담아 대하는 사람은 언젠가 반드시 진심으로 대접받게 되어 있다. 사람을 급으로 나누는 습관을 버릴 때, 비로소 나 자신의 격도 함께 높아질 것이다.

"중요한 건 지위가 아니라 그 사람의 됨됨이다."

005

소인을 멀리 하라

무엇을 하든 늘 가능성만 찾아보는 사람이 있다. 새로운 일을 할 때마다 "그게 될까?" "너 지금 준비한 거 있어?" 이런 말들로 객관적인 조언을 하는 것처럼 말하지만, 일단 해보기보다 가능성만 찾아보는 사람이다. 이런 가능성을 따져 보는 말만 하는 사람은 사실상 희망 고문하는 사람과 같다. 무언가를 하려고 할 때마다 "더 좋은 방법이 있을 거야"라며 희망을 품게 하지만 사실상 기준치만 높아져서 시간만 끌다 아무것도 못하게 된다. 물론 현실을 무시하고 무작정 달려드는 것도 위험하지만, 시도조차 하지 못하게 만드는 말은 더 성장하지 못하게 만든다. 사실 해보기 전에는 누구도 알 수 없는 법이다. 그런데 자꾸만 계산기부터 두드리는 사람의 말을 계속 듣다 보면 아무리 명확한 목표를 가진 사람이라 해도, 그 목표의 싹조차 피우지도 못하게 된다. 결국 '하면 안 될 이유'만 늘어나는 것이다. 이렇게 가능성만 찾는 사람은 대개 자기 경험에 갇혀 있거나, 자신도 시도하지 못한 일에 대한 두려움을 타인에게 전가하는 경우가 많다. 스스로의 한계를 타인에게 투영하는 것이다. 정약용은 이런 사람들을 이렇게 말했다, "산에 살며 할 일이 없어 사물의 이치를 가만히 살펴보니, 세상 사람들은 부지런히 왔다 갔다 하며 바쁘게 움직이고 마음을 졸이는 일들이 모두 부질없어 보인다. 누에가 알에서 깨어날 때는 이미 뽕잎이 먼저 돋아 있고, 제비 새끼가 알에서 나올 때면 벌써 날아다니는 벌레들이 들에 가득하며, 아기가 갓 태어나 울음을 터뜨리면 어미의 젖이 절로 나온다. 이처럼 하늘은 만물을 낳을 때, 그에 필요한 양식도 함께 마련해 주는 것이다. 그런데 사람은 무엇이 그리 두렵고 불안한지 깊이 걱정하고 지나치게 염려하면서 정신없이 돌아다니며 기회를 놓칠까 조바심을 낸다. 하지만 옷은 몸을 가리면 그만이고, 음식은 창자를 채우면 그만이다. 또한 봄에는 보리가 익을 때까지 먹을 쌀이 있고, 여름에는 벼가 익을 때까지 이삭이 있다. 그런데도 사람들은 올해도 모자라진 않을지 걱정하고, 내년을 대비한다며 애를 쓰지만, 과연 자신의 수명이 그때까지 연장될지 누가 알 수 있을까? 어린 자식을 보며 손자, 증손까지 생각하고 계획하지만, 그 자손들이 과연 다 지혜로울 것이라는 보장이 있는가? 설령 우리가 배불리 먹고 따뜻하게 입으며 평생 근심 없이 살다가 죽는다고 해도, 죽은 뒤엔 사람과 뼈가 함께 썩고 한 줄의 글도 남기지 못한다면 그런 삶은 사실 '살았던' 것이 아니다. 그런 삶을 삶이라 부른다면, 그것은 짐승과 다를 바가 없을 것이다. 맹자는 말했다. '큰 그릇을 기르는 자는 대인이 되고, 작은 그릇을 기르는 자는 소인이 된다.' 저들은 기꺼이 소인으로 사는 것을 만족스럽게 여기니, 내가 어찌할 수 있을까?" 그렇다. 우리는 성장하고 싶다면, 될까 안 될까 마음 졸이며 가능성만 보는 소인을 멀리해야 한다. 내가 더 성장하고 싶다면 죽이 되든 밥이 되든 일단 '해보자'라고 말해주는 대인을 곁에 둬야 한다. 내 이야기를 들어주고, 내 가능성을 믿어주며, 설령 실패하더라도 다시 일어설 수 있다고 말해주는 사람이다. 그런 사람과 함께하면, 더 멀리, 더 오래 나아갈 수 있다. 대인은 실패의 순간에도 가능성을 보고, 소인은 가능성 속에서도 실패만 본다. 그러니, 더욱 높이 올라가고 일단 무엇이라도 해보는 사람이 되고 싶다면 가능성보다는 기회를 말하는 사람, 두려움보다는 용기를 주는 사람을 가까이하길 바란다.

**'큰 그릇을 기르는 자는 대인이 되고,
작은 그릇을 기르는 자는 소인이 된다.'**

함께 성장할 줄 아는
사람이 돼라

 욕심이 많은 사람은 자신만 잘 먹고 잘 살면 계속 그것이 지속될 것이라 믿는다. 하지만 세상은 그렇게 단순하지 않다. 혼자만 살아남겠다는 생각으로 자신의 몫만 챙기다 보면, 결국 다른 이들의 주머니는 점점 말라간다. 그리고 그 말라버린 주머니에서는 다시 나에게 돌아올 돈조차 사라진다. 이는 단순히 도덕적인 문제가 아니라, 세상이 돌아가는 구조이자 흐름이다. 사회는 서로 연결된 거대한 그물망과 같다. 어느 한 부분이 무너지면, 그 여파는 고스란히 다른 곳으로 전해진다. 그래서 내 이익만을 좇아 타인을 외면하면, 당장은 내가 얻는 것이 많아 보일지 모르지만, 장기적으로는 전체가 흔들리게 된다. 소비할 수 있는 사람이 줄어들고, 함께 나누는 공동체가 무너지면, 나 역시 그 속에서 설 자리를 잃게 되는 것이다. 우리가 함께 살아가는 이유는 단지 도덕적 이상 때문만이 아니다. 서로에게 기회를 주고, 나누고, 돕는 것이야말로 모두가 살아남을 수 있는 가장 현실적인 방법이기 때문이다. 정약용은 말했다. "사람이 어질지 못한 것은 사사로운 마음이 끼어들기 때문이다. 사람들은 누구나 자신의 아내와 자식을 철저히 '내 것'이라 여기지만, 그 외의 삼촌이나 형제들에 대해서는 쉽게 등을 돌리고 무관심하게 대한다. 밭에 풀씨 하나를 뿌릴 때도, 나무 한 그루를 심을 때도 마음속으로 이렇게 생각한다. '이게 나중에 내 것이 될까, 아니면 남의 자손에게 넘어갈까?' 내 것이 될 것 같으면 정성을 들여 가꾸고 돌보지만, 남의 몫이 될 것 같으면 대수롭지 않게 넘긴다. 기왓장 하나가 깨지면 큰 집도 무너질 수 있는데, 그 집이 먼 친척의 것이라면 방치해버린다. 자갈 하나가 빠지면 제방의 물이 샐 수도 있는데, 그 물을 남이 쓴다면 관심조차 두지 않는다. 그러나 종잇장 하나를 얻으면 아내 방의 창문을 바르고, 널빤지 하나를 얻으면 아이들 책상을 만든다. 이렇게 마음이 조그맣고 이기적인 사람은 어떻게든 자기 재산만을 불리려 든다. 하지만 한번 생각해 보라. 숲이 모두 타버리면 여우나 토끼가 어디에 살 수 있겠는가. 연못이 말라버리면 물고기가 어디서 살아갈 수 있을까. 연동(蓮谷), 즉 종가가 무너지면 우리 온 외가 사람들은 무엇을 의지해 살아갈 수 있겠는가. 당신이 과거에 급제하지 못하고, 높은 벼슬에 오르지 못하더라도 괜찮다. 대신 집안의 자잘하고 복잡한 일들을 세심히 살피고, 사사로움을 물리치며 공적인 일을 먼저 생각하여, 금방 무너질 것 같은 외가를 다시 세우려 애쓴다면, 그것이야말로 진정 어진 이요, 효성 깊은 이요, 제 몫을 다한 사람이라 할 수 있다." 앞서 말했듯, 이는 단지 가족 안에서만 필요한 덕목이 아니다. 사회생활이나 인간관계에서도 마찬가지다. 우리가 더 성장하는 삶을 살려면 네것 내것을 가르기보다, 때로는 조금 손해 보는 것 같아도 함께 나아갈 줄 아는 사람이 되어야 한다. 삶이란 혼자 잘났다고 유지되는 것이 아니다. 함께 살아간다는 것은 때때로 손해를 감수하는 일이고, 자신의 이익을 조금 나누는 일이며, 남의 말에 귀를 기울이는 일이다. 그리고 그런 계산적이지 않고 어쩌면 느리고 답답해 보이는 태도들이, 오히려 더 지혜롭고, 멀리 보는 사람의 삶의 방식이다. 사람은 누구나 실수하고, 어려움에 부딪히며 살아간다. 그럴 때 곁에 있는 누군가의 진심 어린 한마디, 작지만 따뜻한 배려는 생각보다 큰 힘이 된다. 오늘 내가 베푼 작은 양보와 이해가, 언젠가 예상치 못한 순간에 나를 지켜주는 울타리가 되어 돌아온다. 세상은 빠르게 돌아가고, 경쟁은 치열하지만, 결국 오래 살아남는 사람은 함께 가는 법을 아는 사람이다. 결국 사람의 가치는 함께 있을 때 더 빛나고, 관계 안에서 꽃을 피우게 되는 것이다. 그러니 손해를 두려워하지 말고, 조금 더 열고, 조금 더 나누자. 그것이 결국 나를 더 성장하게 만들고, 더 넓은 세상과 이어주는 다리가 되어 줄 것이다.

**"사람이 어질지 못한 것은
사사로운 마음이 끼어들기 때문이다."**

007

억울하다고 말하고 다니지 마라

사람들은 억울한 일을 당하면 여기저기 다니며 그 억울함을 호소하곤 한다. 누군가라도 내 편이 되어주길 바라고, 나의 이야기를 제대로 들어주길 바란다. 하지만 생각보다 사람들은 그들의 이야기에 관심이 없다. 그냥 재밌으면 관심을 주고 재미가 없으면 신경도 쓰지 않는다. 누군가의 고통도 그저 가십이 되기 쉬운 세상에서, 안타깝게도 이게 사실이다. 어떤 사람은 처음에는 고개를 끄덕이며 공감해 주고 잘 들어주는 척하지만, 돌아서서 다른 사람들에게 조금 더 보태 과장되어 전하기도 한다. 그래서 억울함을 털어놓는 일이 오히려 상처가 될 때가 많다. 정약용은 이렇게 말했다. "세상의 모든 비방은 결국 자기 자신에게서 비롯되는 법이다. 경솔하고 무지한 무리들이 근거 없는 소문을 퍼뜨리면 잠시 떠들다가도 금세 잊어버리는 일이 대부분이다. 그런데 내가 그 비방을 듣고 일일이 사람들에게 해명한다면, 한 사람이 두 사람에게, 두 사람이 수백, 수천 명에게 전해질 것이니, 어찌 어리석은 짓이 아니겠는가? 또한 한 숟갈 밥으로 사람이 살이 찌거나 마르리라 믿는 이는 없다. 그런데 선비들이 모여 학문을 강론하는 자리에서, 단지 미친 자가 퍼뜨린 한마디 험담에 마음이 무너지고 낙심한다면, 어떻게 기틀을 바로 세우고 큰 뜻을 펼 수 있겠는가?" 맞다. 내가 잘못한 일이 없다면 굳이 억울함을 풀기 위해 나서서 해명할 필요는 없다. 오히려 내가 해명을 시작하는 순간, 그 일을 몰랐던 사람들에게까지 알려지고, 더 많은 사람에게 퍼져 오히려 일이 커질 수도 있다. 큰 뜻을 품은 사람이라면, 허무맹랑한 말에 휘둘리지 않고 담대하게 무시하는 태도가 필요하다. 오해를 풀기 위해 시간을 낭비하기보다는, 그 시간을 한 걸음이라도 앞으로 나아가는 데 쓰는 편이 훨씬 낫다. 또한, 이미 그 말이 진실인지 거짓인지 가늠하지 않고 무작정 믿는 사람이라면 함께 성장하기 어렵다. 근거 없는 소문에 휩쓸리는 사람은 정작 중요한 순간에 중심을 잡지 못하고 남의 말에 끌려다니기 마련이다. 이런 사람에게는 억지 해명이나 변명도 필요 없다. 사람의 됨됨이는 위기에서 돋보이게 되어 있다. 험담을 들었을 때 그것에 휘둘리지 않고, 함부로 믿지 않으며 끝까지 공정한 태도를 유지하는 사람만이 진정한 신뢰를 받을 자격이 있다. 그런 사람을 가까이 두어야 한다. 정약용은 또 이렇게 말했다. "세상에는 조롱하고 헐뜯는 이들도 있을 것이다. 그러나 자기 양심에서 우러나 마음 깊은 곳에서 진실로 감동하고 움직이는 사람이라면, 세상 사람들의 사랑이나 미움, 칭찬이나 비난에는 아예 신경 쓸 겨를조차 없을 것이다." 정약용의 말처럼, 목표가 분명한 사람들은 다른 것에 신경 쓸 여유가 없다. 최선을 다해본 사람들은 안다. 내 몸 하나 간수하기에도 얼마나 빠듯한지 말이다. 그래서 우리가 억울한 일을 겪었을 때 해야 할 일은, 그 억울함을 해명하는 데 에너지를 쏟는 것이 아니라, 묵묵히 자신의 길을 걸으며 스스로 증명하는 것이다. 시간이 지나면 진실은 반드시 드러나고, 꾸준히 자신을 가다듬는 사람은 결국 신뢰를 얻는다. 사람들에게 잘 보이기 위해 변호하려 애쓰기보다, 한결같은 자세로 묵묵히 걸어가면 된다. 그렇게 쌓인 시간은 반드시 당신에게 돌아올 것이다. 부끄러움 없이 살아가는 사람은 억울한 일을 당할까 두려워하지 않는다. 왜냐하면 자신의 삶 자체가 이미 가장 확실한 증거이기 때문이다. 억울함이 와도 흔들리지 않는, 그런 사람이 되자.

**"험담에 마음이 무너지고 낙심한다면,
어떻게 기틀을 바로 세우고 큰 뜻을 펼 수 있겠는가?"**

008

사람의 마음을 가볍게 여기지 마라

　정약용은 세상에서 가장 괴롭고 아픈 일에 대해 이렇게 말했다. "세상에서 가장 괴로운 일은, 사람들이 다 기뻐할 때 나 혼자 슬퍼하는 일이고, 세상에서 가장 아픈 마음은, 내가 누군가를 생각하는데 그 사람은 나를 잊고 있는 일이다. 〈시경〉에 보면 '어찌 그대를 생각하지 않겠습니까. 다만 집이 멀어서일 뿐입니다'라는 구절을 두고, 공자는 '정말로 생각하지 않아서이지, 어찌 거리가 멀어서겠는가?'라고 했다. 돌아가는 길이 멀고

험한 것이 곧 마음이 멀어진 것과 같으니, 내가 무슨 말을 더 하겠는가." 사람의 마음은 보여야 한다. 아무리 가까운 사이라도, 말하지 않으면 알 수 없다. 단언컨대, 독심술사가 아닌 이상 침묵 속의 진심은 쉽게 오해로 바뀌게 되어 있다. 사람의 마음은 혼자 있어서 외로움을 느끼는 게 아니라, 내 편이라 굳게 믿었던 사람이 나에게 하나도 신경 쓰지 않을 때 오는 것이라고 한다. 가장 믿었던 것에 관심과 사랑을 받지 못할 때 마음도 이때 고장 나 버리는 것이다. 그래서 사랑하는 사이일수록, 혼자가 아니라는 느낌을 주는 사소한 배려만으로도 관계는 깊어지고 단단해진다. 이는 연인 사이에만 해당하는 것이 아니라, 모든 인간관계에서 마찬가지다. 사람을 자주 대하는 위치에 있을수록, 타인의 마음을 무심히 지나치지 않도록 더욱 조심해야 한다. 특히, 큰 뜻을 품은 사람이라면 자신을 믿고 따라와 준 이들에게 실망감을 안겨 떠나지 않도록 조심해야 한다. 만약 고마운 일이 있다면 작은 선물 하나라도 전해야 하고, 여건이 안 된다면 얼굴을 마주 보고 '고맙다'는 말 한마디라도 전해야 한다. 하지만 오늘날 대부분은 고맙다는 말이 어려워 간단한 메시지를 남기고, 미안하다는 말이 자존심에 걸려 쉽사리 입 밖으로 내지를 못한다. 그러다 보니 어느 순간부터는 오해가 생기고, 가까웠던 관계도 점점 멀어지게 되는 것이다. 사람은 돈으로 사람을 부릴 수는 있어도, 마음마저 살 수는 없다. 결국 사람의 마음은 결국 진심에서 움직인다. 그렇기에 누군가의 마음을 얻고, 떠나보내고 싶지 않다면, 그 사람의 마음을 먼저 존중하는 법부터 배워야 한다. 예를 들어, 아무도 시키지 않은 일을 열심히 하는 직원이 있다면 "그건 쓸모없는 일이야"라고 말하는 대신, "열심히 해줘서 고마워. 그런데 이 부분에 더 신경 써주면 좋겠어"라고 말하는 게 좋다. 돌려 말하는 게 아니라, 그 사람의 진심을 먼저 알아보고 그다음을 이야기할 줄 알아야 한다는 것이다. 항상 자기 입장만 먼저 생각하는 사람은 말의 중심이 자신에게 있고, 타인의 마음을 존중하는 사람은 말의 중심이 상대에게 있다. 이것이 사람을 얻는 사람과 잃는 사람의 차이다. 그러니 사람을 잃지 않고 싶다면 먼저 마음을 얻는 법부터 익히길 바란다. 사람의 마음을 얻는 사람이 천군만마를 얻을 수 있을 것이다.

**"돌아가는 길이 멀고 험한 것이
곧 마음이 멀어진 것과 같으니,
내가 무슨 말을 더 하겠는가."**

Chapter. 03

말과 행실을
어떻게 해야 하는가

다산 정약용

001

말은 곧 마음의 거울이니, 다정히 하라

 말은 뱉은 순간 다시 주워 담을 수는 없다. 그래서 사람 사이의 상처 중 많은 부분이, 말에서 비롯된다. 특히 가까운 사이일수록 친하다는 이유로 쉽게 내뱉은 말 한마디가, 오래도록 마음에 남아 응어리를 지게 만들기도 한다. 정약용도 이렇게 말했다. "혀 때문에 죽고, 혀 때문에 살며, 혀끝에서 싸움이 일어나 소리도, 자취도 사라진다. 이 모든 것은 '말이 절제되지 않음'에서 비롯된 것이니, 아주 먼 옛날부터 지금까지 지워지지 않고 되풀이되어 온 잘못이다. 입은 재앙의 문이요, 혀는 몸을 베는 칼이다." 말은 칼보다 날카롭다고도 한다. 칼은 상처를 내도 시간이 지나면 흉터로 아물 수 있지만, 말로 인한 상처는 보이지 않아 더 오래 간다. 그래서 말은 마음을 전하는 도구이기 이전에, 누군가의 마음을 다치게 할 수 있는 무기임을 명심해야 한다. 특히 진심을 담았다는 이유만으로, 또는 내가 옳다는 확신만으로 말의 칼날을 휘두를 때가 많다. 그러나 아무리 옳은 말이라도, 날카롭게 내뱉는 순간 진실은 전달되지 않고, 상처만 남는다. 정약용은 말했다. "사람에게 말할 때는 반드시 공손하고 부드럽게 해야 한다. 조용한 목소리로 말하고, 상대가 듣기 좋게 해야 한다. 그렇지 않으면 비록 옳은 말이라도 남이 기분 나빠하고 듣지 않게 된다." 정약용의 말처럼 말의 방식은 그 내용만큼이나 중요하다. 같은 말을 하더라도 어떻게 표현하느냐에 따라 전혀 다른 결과를 만들기 때문이다. 부드럽고 따뜻한 말은 상대의 마음을 열게 하지만, 날 선 말은 마음을 닫게 한다. 늘 이쁨을 받는 사람들은 이 점을 안다. 그래서 말에 날을 세우기보다 다정함을 품는다. 애인과 싸우면서도 "길가는 위험하니까 이쪽에서 얘기하자"는 그런 세심한 배려가 묻어나는 말을 한다. 우리가 싸우는 것이 잠깐의 투정이지, 네가 싫어서 그런 게 아니라는 다정함을 보여주는 것이다. 여자든 남자든, 다정한 말을 건네는 사람 곁에는 늘 사람이 많다. 그 온기를 조금이라도 더 느끼고 싶어 너도나도 몰려들기 때문이다. 요즘 들어 '다정함이 지능이다'라는 말에 많은 사람들이 공감한다. 날이 선 말들이 넘쳐나는 세상에서, 무례하지 않기 위해 말투를 돌아보고, 말끝을 조심스레 다듬어 예쁜 말을 건네려는 사람은 그 마음만으로도 지혜롭고 따뜻하게 느껴지기 때문이다. 말투 하나만 바꿔도 사람 사이의 온도는 훨씬 부드러워질 수 있다. 그래서 우리는 말을 단순한 소통의 '도구'로만 보지 말고, 마음의 온도를 전하는 '수단'으로 여겨야 한다. 또한 우리가 상처를 주는 사람이 되지 않기 위해서는 조금이라도 젊을 때, 말을 예쁘게 하는 법을 배워야 한다. 안 되면 천천히라도 연습해야 한다. 그 연습이 부족하면,

어른이 되어서도 누군가 커피를 주면 "고맙다"는 말보다 "식었네"라는 말이 먼저 나오게 된다. 많은 직장인이 매일 전쟁 같은 하루를 보내면서도 작은 일에 감사하다는 말을 습관처럼 건네는 이유는, 그들이 순진해서가 아니라, 그 말이 상대에 대한 최소한의 예의임을 알기 때문이다. 그런 사소한 한마디조차 아끼다 보면, 마음과 마음 사이에 오해가 생기고, 감정의 틈이 벌어진다. 아무리 선한 의도라고 해도, 전달하는 방식이 거칠고 무례하다면 결국 사람은 멀어지게 되고, 조금 서툴더라도 말끝에 따뜻한 마음이 묻어 있다면, 오히려 그 진심은 더 크게 전해지게 된다. 그러니, 무례함을 쿨함이라고 착각하지 말고, 무뚝뚝함을 성격이라 합리화하지 말자. 따뜻한 말은 연습하면 누구나 배울 수 있다. 그리고 그 말은 결국 나의 얼굴이 되고, 나의 인격이 되며, 나를 기억하게 만드는 향기가 된다. 지금부터라도 천천히 연습해 보자. 정약용은 "사람은 말로써 마음을 드러내고, 말은 곧 그 사람이 된다."라고 말했다. 그렇다면, 당신은 오늘 어떤 말을 내뱉으며, 어떤 하루를 만들어가고 있는지 잠시 멈춰 생각해 보자. 당신의 말이 곧 당신의 하루가 될 테니.

> **"상대가 듣기 좋게 해야 한다.**
> **그렇지 않으면 비록 옳은 말이라도**
> **남이 기분 나빠하고 듣지 않게 된다."**

말할 때와
침묵할 때를 알아라

 사람이 침묵해야 하는 순간이 있다. 첫 번째, 화가 날 때는 침묵해야 한다. 화를 내는 순간, 이미 내가 진 것이나 다름없다. 감정이 앞서기 전에 생각을 정리하고, 논리적으로 잘못된 점을 말해야 한다. 두 번째, 확실하지 않을 땐 침묵해야 한다. 눈앞에 보이는 것만 보고 성급히 말하면, 나중에 그 말이 틀렸을 때 그대로 화살이 되어 내게 돌아온다. 세 번째, 관계를 오래 유지하고 싶다면 침묵해야 한다. 궁금하다고 해서 모든 걸 묻고 캐

묻는 것이 다 좋은 건 아니다. 말로 지켜야 할 것도 있지만, 침묵으로 지켜야 할 것도 분명 있다. 네 번째, 감정이 태도가 될 때는 침묵해야 한다. 감정이 내 몸과 표정을 지배할 때는 더욱 조심해야 한다. 단 한 마디의 말실수가, 오래 쌓아온 신뢰를 무너뜨릴 수 있다. 다섯 번째, 들어야 할 때는 침묵해야 한다. 잘 듣는 사람은 신뢰를 얻고, 많이 말하는 사람은 종종 분란을 일으킨다. 지혜는 말에서가 아니라 듣는 데서 자란다. 여섯 번째, 모를 때는 침묵해야 한다. 아는 척하며 말하는 것보다, 모르는 걸 솔직히 인정하고 듣는 자세가 훨씬 더 현명해 보인다. 일곱 번째, 존중받지 못한다고 느껴질 때는 침묵해야 한다. 대화의 기반은 존중이다. 그 기반이 없다면 대화할 가치가 없다. 사람들은 말을 잘하는 사람을 지혜롭다고 여기지만, 진짜 지혜로운 사람은 언제 말하고, 언제 침묵해야 할지를 아는 사람이다. 때에 맞는 말을 하지 못하면 아무리 좋은 말도 상처가 되고, 아무리 옳은 말도 불편하게 들릴 수 있다. 이런 지혜로움을 알고 있으면 오해가 쌓일만한 상황에서도 오해를 줄이고, 쓸데없는 감정 소비를 막아준다. 정약용도 말에 대해 이렇게 말했다. "말을 조심해야 한다. 겉은 멀쩡해도 한 군데만 새면 깨진 항아리일 뿐이고, 백 마디 말이 다 믿을 만해도 그중 한 마디 거짓이 있다면 그건 도깨비 장난에 지나지 않는다. 말이 허풍스럽고, 과장되면 신뢰를 잃는다. 가난하고 신분이 낮을수록 더욱 말을 아껴야 한다." 우리는 이 점을 깊이 새겨야 한다. 괜히 "가만히 있으면 반은 간다"는 말이 있는 게 아니다. 모르면 말하지 말고, 잘난 것 없으면 굳이 잘난 척할 필요도 없다. 그런데 자존심이 센 사람들은 침묵하는 것이 약한 것이라고 생각해 끝까지 한마디라도 더 하려 들고, 어떻게 해서든 말싸움에서 이기려 한다. 하지만 침묵은 결코 약함이 아니다. 오히려 감정을 잘 다스릴 줄 아는 사람만이 선택할 수 있는 지혜다. 그래서 중요한 말일수록 한 번 더 삼켜보고, 불필요한 말일수록 과감히 버려야 한다. 말에서 현명함과 무지함의 드러나는 차이는 더하기와 빼기이다. 현명한 사람은 말이 부족해서 손해 보는 걸 두려워하지 않는다. 오히려 감정을 빼고, 끝까지 듣고 난 뒤 짧고 굵은 한마디를 던질 줄 안다. 반면 무지한 사람은 조용해지는 걸 두려워한다. 침묵이 곧 패배라고 믿고, 말로 분위기를 장악하려 든다. 안 해도 될 말을 더하고, 감정 이입을 더하며 쉽게 무지함이 드러나게 되는 것이다. 그러니 말로 자신을 드러내기보다, 현명하게 침묵을 무기로 삼을 줄 아는 사람이 되자. 말을 절제하는 것이 곧, 나의 약점을 지키는 일이다.

"말이 허풍스럽고, 과장되면 신뢰를 잃는다."

허물이 없는
사람이 돼라

허물에 대해 정약용은 이렇게 말했다. "두 번 잘못을 저질렀으나, 능히 그것을 고친 사람은, 결국 허물이 없는 사람과 같다. 예로부터 성현들은 잘못을 고치는 것을 매우 귀하게 여겼으며, 어떤 이는 심지어 '처음부터 허물이 없는 것보다 더 낫다'고 말했다. 왜 그럴까? 사람의 일반적인 마음 상태는, 자신이 잘못한 것을 지적당하면 처음에는 부끄러워하다가 곧 그것이 화로 바뀌기 쉽다. 그래서 처음에는 자기 허물을 감추려 하고, 나중에는 오히려 거칠고 극단적인 반응을 보이게 되는데, 이것이 바로 '허물을 고치는 일'이 '허물이 없는 것'보다 훨씬 어렵다는 이유다. 우리 역시 허물이 많은 사람들이다. 그런 우리가 진심으로 힘써야 할 가장 시급한 일은 다름 아닌 '허물을 고치는 일'이다. 세상을 업신여기고 남을 무시하는 것, 기예를 자랑하고 재능을 뽐내려 과시하는 것, 영화와 이익을 탐하는 욕심을 갖는 것, 받은 은혜는 잊고 원한은 오래 기억하는 것, 뜻이 맞는 사람과는 편을 먹고 그렇지 않은 사람은 배척하는 것, 잡다한 지식에 빠지는 것, 남다른 견해를 내세우려 애쓰는 것. 이 모든 것이 허물이다. 이 외에도 우리는 셀 수 없이 많은 결점을 가지고 있다. 이 많은 허물에 맞는 약이 단 하나 있다면, 그것은 바로 '고칠 개(改)' 자 뿐이다. 진심으로 허물을 고친다면, 성현들도 분명 '그 사람은 허물이 없는 사람이다'라고 말했을 것이다." 정약용의 말처럼, 이 세상에 허물이 전혀 없는 사람은 없다. 누구나 각자의 허물을 갖고 살아간다. 다만 허물을 감추며 살아가는 사람과, 허물이 있음을 인정하고 고쳐나가려는 사람으로 나뉠 뿐이다. 대부분의 사람은 자신의 부족함을 드러내기를 두려워한다. 허물을 보이면 남들이 자신을 무시하거나 낮게 볼까 걱정하기 때문이다. 그래서 애써 감추고 포장하려 하지만, 그릇이 큰 사람은 오히려 자신의 허물을 감추지 않는다. 부족함을 인정하고, 그것을 고쳐나가는 모습을 행동으로 보여준다. 그렇게 되면 그 허물은 더 이상 조롱거리가 아니라, 오히려 사람들의 호감을 사는 계기가 된다. 즉, '허물이 없는 사람'이란, 완벽한 척하는 사람이 아니라, 부족함을 인정하고 고쳐나가는 사람을 뜻한다. 예를 들어, 부유하게 자란 사람이 음식의 소중함을 모르고 함부로 버린다면, 그것은 '감사하지 못하는 마음'이라는 허물이다. 하지만 자신이 생각이 짧았음을 깨닫고, 음식을 나누고 아끼는 사람으로 변해간다면, 그는 자신의 허물을 고친 사람이 된다. 가난한 사람이 배고픔을 견디지 못하고 도둑질을 했다면, 그것은 '탐욕'이라는 허물이다. 하지만 가난을 탓하기보다 묵묵히 일해서 자신의 삶을 바꿔나간다면, 그는 허물을 고친 사람이다. 이런 사람은 정약용이 말한 '허물이 없는 사람'이라 할 수 있다. 이처럼 허물을 고친다는 것은 단지 실수를 인정하는 데서 그치는 것이 아니라, 자신을 돌아보고, 더 나은 사람이 되기 위해 삶의 방향을 바꾸는 용기 있는 사람을 말하는 것이다. 그래서 정약용은 "허물을 고치는 자는 허물이 없는 사람과 같다"고 말한 것이다. 누구나 허물을 고칠 수는 있지만, 자신의 부족함을 인정하고 실제로 행하는 용기를 가진 사람은 드물기 때문이다. 그러니 중요한 건 넘어졌는지가 아니라, 다시 일어났는가이다. 자신의 잘못을 깨닫고 고쳐나가는 태도, 그것이 사람을 사람답게 만든다. 그러니 두려워 말고, 부끄러워하지 말고, 담담히 고쳐나가자.

**"허물을 고치는 일이 허물이 없는 것보다
훨씬 어렵다."**

함부로
험담하지 말라

 험담을 자주 하는 사람이 있다. 험담을 '자주 한다'는 건, 그 사람이 말을 어느 정도 눈치껏 하고, 또 그 말을 들어줄 만큼 주변 사람들과의 관계가 나쁘지 않다는 뜻이다. 실제로 이런 사람들은 겉으로 보기엔 싹싹하고, 사람 좋아 보이기도 하며, 의외로 친구도 많다. 하지만 그 관계들이 대부분 얕다. 그 이유는, 정작 본인은 타인에 대한 말은 쉽게 하면서 자신의 잘못된 점은 보지 못하기 때문이다. 시간이 지나면 사람들은 이런 이

중적인 면을 알게 되고 하나둘 그 사람 곁을 떠나게 된다. 이런 사람들의 인간관계는 누군가 먼저 참아주거나 배려해 주지 않는 이상, 얕게 오래 갈 수는 있어도 깊게 오래 가지 못한다. 이런 유형의 사람들과 대화를 하다 보면 대개 나의 기쁨을 나눌수록 질투로 돌아오고, 슬픔을 나눌수록 약점이 될 때가 많다. 그래서 멀리하는 게 좋다. 하지만 아무리 멀리하고 싶어도 어느 순간 나도 그 사람과 함께 욕을 하거나, 웃고 있을 것이다. 그 이유는 나의 공감대를 건들고 거기서 험담으로 이끌어 나가기 때문이다. 그럼, 그들은 어떻게 말을 시작할까? 그들의 공통된 특징은 이러하다.

1. "그 사람 좋은데…"로 시작하는 돌려 말하기

"나도 그 사람 괜찮게 보긴 해, 근데 말이야…"라는 말로 겉으로는 칭찬하는 듯하다가 뒤에는 반드시 '하지만'을 붙여 본심을 꺼낸다. 자기가 싫다는 말이 하고 싶은데 직설적으로 말하면 뒷담하는 거 같으니, 상대방의 반응을 살피며 반박하지 못하도록 자신의 말을 포장하는 것이다.

2. "나만 그런 건 아니야"로 공감을 끌어내기

"그 사람 이상하다고 느낀 게 나만은 아니더라"라며 다른 사람도 같은 생각을 했다는 식으로 말의 신뢰성을 키운다. 사실은 자신의 생각을 남의 말에 슬쩍 얹어 비겁하게 책임을 분산시키는 방식이다.

3. 정보 전달을 가장한 뒷담화

"나중에 상처받지 말라고 말해주는 건데…"라며 도움을 주는 척하면서 험담을 던진다. 만약 반론이 들어오면, "나는 그냥 말해준 거야"라며 슬쩍 빠져나가는 수법이다.

4. 질문으로 험담을 유도

"너 걔랑 친하지? 걔 요즘 좀 이상하지 않아?"라며 직접 욕하지 않고, 상대방이 먼저 부정적인 말을 꺼내게 만들며, 자신은 욕하지 않은 척 이간질하며 상대방을 조종한다.

5. 사실 확인 없이 "들었다"는 말을 반복하기

"정확하진 않은데…"라며 험담을 시작해 안 좋은 인식을 심고, 자기가 하고 싶은 말을 덧붙여서 말한다. 이들은 진실 여부엔 관심도 없다. 중요한 건 자신이 싫어하는 사람에 대한 안 좋은 이야기가 퍼지는 것이다. 나중에 문제 되면 "확실하진 않다"라고 빠져나가기 위한 여지를 남기는 것이다.

이들의 말은 언제나 자신을 정당화하고, 자신은 피해자인 듯한 태도를 보인다. 남의 단점은 귀신같이 찾아내면서, 그가 말하는 '솔직함'과 '객관적인' 시선에는 악의가 섞여 있다. 이렇게까지 하는 이유는, 그들은 누군가를 깎아내려야만 자신의 마음이 편하기 때문이다. 즉, '열등감'을 가지고 있는 것이다. 열등감이란 '자기를 남보다 못하거나 무가치한 인간으로 낮추어 평가하는 감정'이다. 자신은 불행하니 남들이 나보다 못나야 하거나, 동등한 위치에 있어야 마음이 놓이는 것이다. 보통 어린 시절 가정불화나, 사람들에게 이쁨을 받지 못한 사람들이 이런 열등감을 느낀다. 그러나 열등감을 갖고 자주 뒷담화하는 사람들은 좀 더 나아가 자신의 부족함을 인정하기 싫어서 시기와 질투로 표현하는 것이다. 이것이 바로 '정신적 열등감'이다. 정신적 열등감이 심한 사람은 속으로는 불안해하면서 겉으로는 당당한 척하고, 자신은 항상 '객관적'이라고 생각한다. 그러나 정작 자신의 부족함을 객관적으로 타인이 지적하면 이를 견디지 못하고 쉽게 상처받거나, 화를 낸다. 하지만 이들이 모르는 게 있다. 말은 안 하지만 모두가 힘들게 살아가고 있다는 것이다. 근데 자기만 불행하고, 힘들다고 생각하니 불행할 것들만 보이는 것이다. 정약용은 타인을 함부로 판단하는 일에 대해 이렇게 말했다. "우물 안 개구리가 좁은 세상만을 본다면, 항아리 속 쉬파리가 무슨 말을 하겠는가. 짐승이 사람을 볼 때 모두 비슷하게 보이듯이, 대체 누가 어리석고 누가 현명하다고 할 수 있을까. 저기 나는 두 마리 백로를 보게나, 그들 사이에 누가 더 낫고 못한지 어찌 알겠는가. 한마디 말로 사람을 정하고, 한 번의 실수로 사람을 버리는 일, 어리석도다." 즉, 타인에게 보이는 것만 보고 우열을 가르고, 판단하는 것은 어리석은 일이라는 것이다. 정약용이 말했듯, 겉으로 보이는 모습만으로 판단하는 일은 짐승의 눈과 다르지 않다. 이런 사람은 내가 아무리 고치려 해도 절대 변하지 않는다. 왜냐하면 자신이 문제라고 생각하지 않기 때문이다. 타인을 향한 비판에는 익숙하지만, 자신을 돌아보는 일에는 인색하다. 그러다 보니 조언도 충고도 모두 공격처럼 받아들이고, 맨날 분란을 일으키게 된다. 이런 사람에게 괜한 정을 쓰고, 마음을 쏟는 건 결국 내 에너지만 고갈되는 일이다. 정약용도 말했다. "어리석은 사람은 자신을 돌아볼 줄 모르고, 남의 허물만 드러내려 한다." 그러니, 사람은 말로 바뀌지 않는다는 것을 명심하고 감정 소비하기보다는 마음 맞는 이들과 더 행복하게 살아가길 바란다. 당신이 아무리 그들을 바꾸고자 노력해도 스스로 깨닫기 전까진 절대 어떤 말도 듣지 않을 것이다. 헛된 기대는 내려놓고 나에게 따뜻한 말을 하는 사람들과 더 좋은 하루를 보내자.

"한마디 말로 사람을 정하고,
한 번의 실수로 사람을 버리는 일, 어리석도다."

대화할 때의
마음가짐

　대화하다 보면, 종종 서로의 가치관이나 생각이 다른 사람을 만나게 되어 있다. 그럼 기가 센 사람들은 상대를 이해하려는 마음보다 논쟁에서 이기고 싶다는 욕심이 앞서게 된다. 그 순간부터 대화보다는 서로가 옳고 그름을 따지려 들게 된다. 정약용은 이런 논쟁의 순간에 우리가 어떤 자세를 가져야 하는지에 대해 이렇게 말했다. "학설을 논할 때, 먼저 잘못된 부분을 지적하고 깎아내리려는 경향이 있다. 초학자가 경전이나 이론을 논하려면, 먼저 그 학설의 취지를 충분히 이해한 뒤에야 의문을 제기해야 한다. 남의 잘못만을 집요하게 파고들며 자신의 의견을 내세우는 태도는 옳지 않다. 그렇다고 무조건 옛것만 따르려 해도 진정한 깨달음을 얻지 못한다. 만약 정말 의심이 든다면 섣불리 자신의 생각을 내세우거나 기존 이론을 무시하지 말고, 그 뜻을 깊이 연구해 먼저 이해해야 한다. 그 이후에 잘못을 발견하더라도 묵묵히 넘기고, 틀린 부분이 있으면 겸손하게 다시 말하면 된다. 조금 아는 걸로 으스대며 자신만 옳다고 주장하는 태도는 삼가야 한다." 정약용의 말처럼 우리가 무언가를 비판하기 전에 먼저 그것을 수용하려는 자세가 필요하다. 대뜸 자신이 옳다고 생각해서 주구장창 자신의 말만 한다면 대화가 싸움으로 번지게 되는 것이다. 그래서 현명한 대화를 원한다면, 무조건 자신의 주장을 관철하기보다, 먼저 상대의 말이 담고 있는 논점을 정확히 이해하려는 노력이 필요하다. 그 후에 잘못을 지적해도 늦지 않다. 오히려 차분하고 논리적으로 설명하면, 듣는 사람도 더 쉽게 수

궁하게 된다. 그리고 만약 그 사람이 당신의 의견을 받아들이지 않더라도 괜찮다. 당신은 당신의 생각을 정확하게 말했고, 그 말이 타당했다면 그걸로 충분하다. 무지하게 사는 건 그 사람의 몫이기에 웃으며 조용히 지나가면 된다. 정약용은 또 이런 말을 했다. "남이 나를 헐뜯거든, 먼저 그 말이 옳은지를 살펴라. 옳다면 고치면 되고, 그르다면 그저 흘려보내라. 괜히 맞서서 다투면 결국 마음만 상하고 덕을 잃는다. 학문하는 자는 말싸움에서 이기려 하지 말고, 도리에 따라 물러설 줄 알아야 한다. 말로 이기면 마음을 잃고, 말로 져도 도를 지키면 그 사람은 이긴 것이다." 이것이 오늘날 대화를 할 때 필요한 지성인의 마음가짐이 아닐까 싶다. 높은 지식과 지적 능력을 바탕으로 비판적 사고와 문제 해결 능력을 갖추고, 자신의 생각을 표현하고 실천할 줄 아는 사람. 단순히 아는 것이 많은 사람을 지성인이라 부르지 않는다. 축적된 지식을 현실에 적용하고, 그것을 통해 삶을 성찰하며 실천하는 사람, 그런 이가 어디서든 '지성인'이라는 평을 듣게 된다. 하지만 오늘날 많은 이들이 아는 것이 많다는 이유로, 혹은 학벌이 좋고 지위가 높다는 이유로 자신을 드러내기에 바쁘다. 대화의 자리는 곧 자기 자랑의 무대가 되고, 남의 말을 듣기보다는 자신의 말만 앞세우기에 급급하다. 이런 사람은 높은 자리에 앉아 있어도 결국 사람들의 신뢰를 얻지 못하고, 설령 무언가를 이루었다 해도 마음을 잃게 되어 있다. 아무리 좋은 말이라도 상대의 맥락과 마음을 읽지 못하면 허공에 대고 얘기하는 것과 같다. 자신의 말만 하는 사람은 겉으로는 이긴 것처럼 보일 수 있지만, 사람을 잃는다면 결국 진 것이나 다름없다. 정약용은 이렇게 말했다. "몸을 편히 지킬 방도를 배우려면 시비를 멀리함이 참으로 좋다." 사람을 잃으면서까지 시비를 따지는 것은 매우 어리석은 일이다. '지고 살라'는 말이 아니다. 다만, 옳음을 지키되 자신의 수준을 낮추지 말라는 뜻이다. 자신이 틀렸다면 담백하게 인정하고, 말이 통하지 않는 상대라면 그저 조용히 흘려보낼 줄 아는 것. 그것이 바로 자신을 지키는 대화이고, 진짜 지성인이 가진 품격이라는 것이다.

"남이 나를 헐뜯거든, 먼저 그 말이 옳은지를 살펴라.
옳다면 고치면 되고, 그르다면 그저 흘려보내라."

006

누가 보지 않아도
지켜야 할 것

 살다 보면 '이래도 되나?' 싶을 때가 있다. 아무도 모를 때, 누가 시키지도 않았는데 괜히 망설여지고, 괜히 불편해지는 순간처럼 말이다. 그게 바로 양심이 하는 일이다. 아무도 보지 않는 횡단보도를 건널 때, 길을 가다가 지갑을 주웠을 때 등 사물의 가치를 변별하고 자기의 행위에 대하여 옳고 그름이나, 선과 악의 판단을 내리는 도덕적 의식을 말한다. 대부분의 사람은 눈앞의 유혹에 쉽게 넘어간다. 그러나 이러한 작은 양심이 곧 나를 만든다. 정약용은 말했다. "사대부의 마음은 맑은 바람과 갠 달빛 같아서 티끌 하나 숨김이 없어야 한다. 하늘과 사람 앞에 부끄러운 일을 저지르지 않는다면 마음이 자연히 너그러워지고 몸가짐도 단정해져서 큰 기운이 생겨나는 법이다. 하지만 비단 몇 자나 동전 몇 닢 때문에라도 잠시라도 양심을 저버리면, 그 순간 곧장 그 기운은 사라지고 만다. 사람이 될 수 있느냐, 귀신이 되느냐는 바로 여기에 달려 있으니, 아주 조심해야 한다." 그래서 양심은 단순히 윤리적인 개념이 아니라, 나를 나답게 만드는 가장 근본적인 기준이 된다. 남이 보지 않는다고 마음대로 행동하는 사람은 결국 자신도 자신을 신뢰하지 못하게 된다. 그런 사람은 아무리 겉으로 잘나 보여도, 속으로는 불안하고 흔들릴 수밖에 없다. 반대로 작고 사소한 순간에도 양심을 지키는 사람은, 세상 누구보다도 단단한 마음을 가진 사람이다. 남들이 보지 않는 곳에서 지켜낸 한 번의 선택이, 나라는 사람의 근간을 만든다. 뿌리 깊은 나무가 쉽게 쓰러지지 않듯, 양심을 따라 살아온 사람은 어떤 바람에도 쉽게 무너지지 않는다는 것이다. 정약용은 이런 말도 했다. "가만히 앉아 깊이 생각하고 있을 때는 양심이 드러나는 듯하지만, 사람을 만나고 세상일을 겪을 때는 그저 상대에게 잘 보이거나 용납되기를 바라는 마음이 앞서서, 농부를 만나면 농사 이야기를 하고, 상인을 만나면 장사 이야기를 하며, 결국 자신을 버리고 남의 비위를 맞추는 데 급급한 모습을 벗어나지 못하고 있다." 그렇다. 아무도 보지 않는 곳에서 양심을 저버리는 자는 평소에는 사람 좋아 보이고, 잘 사는 것처럼 보이지만, 막상 그런 상황이 닥쳤을 때 그것에 흔들려 쉽게 넘어가게 되어 있다. 양심은 연습 없이 지켜지지 않는다. 평소 작은 선택에서 스스로를 다잡지 않으면, 결정적인 순간에 올곧게 설 수 없다. 눈앞의 이익, 사람들의 기대, 불편을 피하고 싶은 마음이 생길 때, 마음속 기준이 단단하지 않으면 누구든 흔들릴 수밖에 없다. 그래서 양심은 순간의 결심이 아니라, 살아가는 방식이 되어야 한다. 매일의 삶 속에서, 사소한 일에도 스스로 부끄럽지 않은 선택을 할 때, 우리는 조금씩 더 단단해진다. 결국 양심을 지킨다는 것은 나 자신에게 떳떳하게 살아간다는 뜻이다. 그것만으로도 이미 충분히 의미 있는 삶이다. 양심을 목숨처럼 여겨라.

"하늘과 사람 앞에 부끄러운 일을 저지르지 않는다면, 마음이 자연히 너그러워지고 몸가짐도 단정해져서 큰 기운이 생겨나는 법이다."

007

나를 험담한다고
걱정하지 마라

정약용은 말했다. "지난 삶을 돌이켜보니, 그동안 얽히고설킨 많은 일들이 사실은 내 마음과 몸과는 본래 아무런 상관이 없었다는 것을 새삼 깨달았다. 그래서 타고난 성격의 결함을 버리고, 근본적인 차원에서 스스로를 다스리기 위해 힘써왔다. 그러나 본래 제 성품이 조급하고, 배운 바도 얕고 거칠어 사람을 대하거나 일을 처리할 때마다 자주 본모습이 드러나곤 한다. 억지로 감추려 해도 쉽게 되지 않으니, 그저 부끄럽고 민

망할 따름이다. 만약 나를 싫어하는 사람들까지도 모두 감탄하게 만든 뒤에야 세상일을 하겠다고 마음 먹는다면, 나는 평생 동안 손가락 하나 까딱하지 못하고 살게 될 것이다. 세상 사람들이 아무리 근거 없는 말로 위협하거나 헛소문을 퍼뜨려도 걱정할 이유는 없다. 지금 돌고 있는 이야기만 해도 대부분 이치에 맞지 않다는 점에서 더욱 그러하다. 사실 그 말을 퍼뜨린 자가 바로 그 말을 지어낸 장본인이다. 그런 말들은 저절로 조금씩 퍼지다가, 시간이 지나면 알아서 사라질 것이니 굳이 신경 쓸 필요는 없다." 오늘날처럼 말 많고 탈 많은 시대에 정말 필요한 조언이다. 특히 공동체 생활을 하다 보면 이런 말을 하는 사람이 있다. "야, 너 요즘 소문 안 좋아, 좀 조심해" 겉으로 보면 걱정하는 말 같지만, 실제로는 자기 기분이 나빠서 던지는 말일 때가 많다. 정말 나를 아끼는 사람이라면, 그 '소문'을 들었을 때 먼저 그 진실 여부를 확인했을 것이고, 부당한 말이라면 나를 대신해 반박했을 것이다. 그래서 저렇게 말한 사람이 보통 소문낸 사람일 가능성이 크다. 감정 섞인 말은 결국 자신의 기분에 따라 왜곡되기 마련이니, 그런 말은 들을 필요조차 없다. 정약용도 이런 점을 깨달았기에 '그동안 얽히고설킨 많은 일들이 사실은 자신의 마음과 몸과는 전혀 상관없는 일이었다'라고 말한 것이다. 우리가 아무리 성실하게 살아도, 누군가는 분명히 나를 싫어한다. 그럼에도 우리는 누군가 나에게 좋지 못한 말을 할 때 일일이 따지고 싶은 마음이 생긴다. 하지만 굳이 오해를 풀려고 하지 않아도 괜찮다. 그것에 다 반응하다 보면 절대 자신이 하고자 하는 일은 할 수 없다. 만약 "너 소문 안 좋아"라는 말을 한다면 "여기 소문 안 좋은 사람이 있나요?"라는 식의 말로 반박을 하는 것도 하나의 좋은 예다. 또 나의 부끄러운 실수를 갖고 들먹이면 절대 주눅이 들 필요도 없다. 이럴 때는 "그때는 그게 나에게 최선이었어, 다음에 잘하면 되지!"라고 생각하면 된다. 시간이 지나면 다 잊힐 말에 너무 신경 쓰지 말라는 말이다. 나이 든 사람들에게 살면서 가장 후회되는 게 무엇이냐고 물으면 대부분 "남 눈치 보느라, 하고 싶은 것을 하지 못한 것"이라고 말한다.

그러니 당신도 늙어서 "그냥 좀 편하게 살걸, 고백이라도 해볼걸, 더 아껴줄걸"이라며 후회하지 않도록, 너무 타인을 의식하지 말고, 하고 싶은 걸 마음껏 해보자. 짧은 인생 적어도 '해볼걸'이라는 말보다. '그래도 해봐서 후회는 없다'라는 말이 나오는 인생을 살길 바란다.

"나를 싫어하는 사람들까지도 모두 감탄하게 만든 뒤에야
세상일을 하겠다고 마음먹는다면,
나는 평생 동안 손가락 하나 까딱하지 못하고
살게 될 것이다."

존경 받는 사람이
되고 싶다면

 "성인은 자기를 남이 높여주기를 바라지 않고, 타인으로 하여금 자기가 알고 있는 것을 알게 한 뒤에 그만둔다. 성인을 높이는 것은 성인의 뜻이 아니라, 사람들이 감동하여 우러러보지 않을 수 없게 되기 때문이다." 이 문장은 정약용이 성인의 태도에 대해 남긴 말로, 진정한 존경이란 어떻게 생겨나는가에 대한 깊은 통찰을 담고 있다. 정약용의 말처럼 진정으로 훌륭한 사람은 자신이 높임 받기를 바라지 않는다. 그리고 그저 아는 바를 진심으로 전하고, 그것을 깨달은 사람들이 자연스레 마음을 다해 우러러보게 되는 것이다. 존경이란 스스로 만든 결과가 아니라, 감동한 이들의 마음에서 비롯된다. 그러나 현대 사회에서는 인정받기 위한 인생을 사는 사람들이 생각보다 많다. 자신의 가치를 끊임없이 말하고, 무언가를 보여주려 조급해한다. 하지만 사람의 실력과 깊이는 억지로 드러내지 않아도 잘하면 알아서 보인다. 그래서 오히려 말없이 제자리를 지키며 묵묵히 진심을 다하는 사람에게 시간이 흐를수록 자연스럽게 무게가 실리게 된다. 이를 알지 못하는 사람들은 결과보다 '인정'에 집착하고, 자랑에 힘을 쏟는다. 하지만 아무리 잘한 일도 스스로 떠들고 다니면, 존경의 대상으로 바라보기보다는 단순 칭찬으로 끝나기 쉽다. 반면 자기 몫을 조용히 해내는 사람은 굳이 알리지 않아도 주변이 먼저 알아보고 존경하게 된다. 칭찬과 존경은 비슷해 보여도 본질이 다르다. 칭찬은 일시적인 반응이며, 그 마음은 상황에 따라 쉽게 달라진다. 그러나 존경은 인격과 삶의 방향에 대한 깊은 감동에서 비롯되기에, 시간이 지나도 쉽게 사라지지 않는다. 그래서 자신을 드러내려고 하기보다는, 맡은 일을 최선을 다해서 열심히 그리고 잘하면 된다. 그렇게 마음을 울리는 순간이 하나둘 쌓이면, 굳이 대단한 말을 하지 않아도, 자신을 내세우지 않아도, 말에 무게가 실리고 신뢰가 더해진다. 사람들은 처음엔 알아보지 못할 수 있다. 하지만 결국 진심은 통하고, 그 사람의 말과 태도에서 느껴지는 깊이에 감동하게 된다. 겉으로만 요란한 사람은 처음엔 주목받을 수 있다. 그러나 시간이 지나면 그 본모습이 드러나게 마련이다. 그렇기에 우리는 당장의 인정을 받지 못했다고 해서 초조해할 필요가 없다. 사실, 초조해하지 않고 바라보는 것이 정말 중요하다. 여기서 나와 함께 갈 사람과 가지 못할 사람이 드러나기 때문이다. 그저 자신의 것만 생각하는 사람은 당신이 무엇을 하든, 자기 할 일만 생각해 당신의 묵묵함을 보지 못한다. 하지만 그런 묵묵함을 볼 줄 아는 사람은 주위를 돌아볼 줄 아는 현명함을 가졌다. 그래서 당신의 묵묵함을 알아보고 칭찬하고, 존경할 줄 아는 사람은 당신의 성장에 큰 도움이 될 만한 사람이다. 이런 이들과 같이 성장하면 된다. 타인의 칭찬, 존경 같은 것들을 바라지 마라. 내가 오늘 하루도 해야 할 일을 성실히 하고, 진심을 다했다면 그것만으로도 이미 충분하다. 누가 알아보지 않으면 어떠한가. 성공하면 당신을 존경하지 말라고 해도 존경하는 사람들이 생겨나게 되어 있다. 정약용은 말했다. "다른 사람을 끌어와 자신과 비교하지 마라. 모기나 풀과 나무도 모두 한 생애를 산다. 인생이 굽이치고 돌아간다 해도 아무 문제가 되지 않는다. 복잡한 산세도 깊은 골짜기를 품기에 적당하듯, 모든 일에는 제자리가 있다. 본질 없는 자랑은 허망하다." 인생은 그리 길지 않다. 그러니, 비교하고 칭찬을 받으려 애쓰기보다, 자신의 삶을 선택하자. 본질이 없는 자랑의 끝에는 허망함만 남을 테니 말이다.

**"성인을 높이는 것은 성인의 뜻이 아니라,
사람들이 감동하여 우러러보지 않을 수 없게 되기
때문이다."**

Chapter. 04

큰 뜻을 품었다면 기억해라

다산 정약용

당신이 성장하지 못하는 이유

 대부분의 사람은 어려서부터 온실 속 화초처럼 자란다. 예쁜 말을 듣고, 당연하듯 배려를 받으며, 지극히 조심스레 부모로부터 키워진다. 그렇게 잘 키워진 꽃들이 사회에 나와 가장 힘들어하는 것은, 자신이 아무것도 아닐 수도 있다는 사실을 인정하지 못하는 것이다. 엄밀히 말해, 대부분 따뜻한 울타리 안에서 자라 너도나도 예쁜 꽃을 피웠기에, 냉정한 사회에서는 예쁜 꽃이 아닌, 새로 자라야 하는 예쁜 꽃 속 씨앗이라는 사실을 받아들이지 못한다는 것이다. 그것을 받아들이지 못하면, 작은 부끄러움에도 자존심이 상하고, 고개 숙이는 일을 견디지 못하게 된다. 하지만 인간이 발전하기 위해선 실패와 도전이 반복되어야 한다. 그러나 그 과정에서 사람들은 저마다의 색안경을 끼고 평가할 것이다. 여기서 중요한 건, 그 시선을 이겨내는 사람만이 한 단계 나아갈 수 있다는 점이다. 괜히 눈치 보며 중간만 가자는 생각에 피하다 보면, 결국 평범한 삶에서 멈추고 만다. 정약용은 부끄러움에 대해 이렇게 말했다. "퇴계는 정자와 주자 같은 유학의 큰 스승들조차도 자신의 글에서 오류가 있을 수 있음을 인정하고, 문인이나 친구들이 자유롭게 지적해 주는 것을 기꺼이 받아들였다고 말한다. 하지만 요즘 처음 학문을 배우는 사람들은 오히려 그 반대의 태도를 보인다. 처음 배우는 사람일수록 자신의 글을 고치려 하지 않고, 그 글을 마치 귀한 보물처럼 여기며 자랑하려 든다. 누군가 그 글을 비판하면 마음속으로는 부끄러우면서도 겉으로는 억지 변명을 하며 받아들이지 않는다. 이러한 태도는 절대 바람직하지 않다." 이는 오늘날도 다르지 않다. 많은 사람들이 쪽팔릴까 봐, 부끄러움을 당할까 봐 어떤 말도 들으려 하지 않고, 오직 자기 말만 고집한다. 사람들이 부끄러움을 이겨내지 못하는 이유는, 시작도 하기 전에 망신당할 일을 먼저 상상하며 두려워하기 때문이다. 그래서 무엇보다 처음을 이겨내는 일이 중요하다. 처음이란, 부끄러움이 와도 이겨내는 '당당함'이고, 자존심이 상해도 꾹 참고 나아가는 '지속성'이다. 부끄러움과 자존심을 이겨낸다는 건, 어떤 것이든 배울 준비가 되어 있다는 뜻이다. 즉, 누구에게나 처음은 어렵지만 이를 이겨내는 자와 이겨내지 못하는 자로 나누어지게 된다는 것이다. 그리고 이겨내는 사람들은 부끄러움이란 결국, 내가 만들어낸 허상이고 세상에는 대단한 사람들이 많다는 것을 알게 된다. 반대로 이겨내지 못하는 사람들은 세상이 호락호락하지 않다는 것을 느끼게 된다. 정약용은 말했다. "사람이 학문하는 데 가장 두려워할 것은 부끄러움을 모르는 것이다. 그러나 부끄러움을 피하는 것도 학문을 그르게 한다." 즉, 당신이 어느 정도

배운 사람이라면, 당신처럼 꽃피운 사람이 많다는 것을 알고 정말 부끄러운 일을 당하기 전에 겸손할 줄 알아야 한다는 것이고, 배워야 하는 위치에 있다면, 부끄러움 하나에 천금 같은 기회를 놓칠까 봐 두려워해야 한다는 것이다. 또한 정약용은 이렇게 말했다. "모든 일에는 때가 있고, 모든 일에는 도리가 있다. 억지로 피하려 하지 말고, 때를 기다리며 스스로를 지키는 것이 옳다." 정약용의 말처럼, 당장은 부끄러움이 있을지 모르지만, 그것들이야말로 나를 더 큰 사람으로 성장시키는 발판일 수 있다. 내가 보기에 좋지 않아 보인다고 해서 반드시 나쁜 것만은 아니고, 내가 보기에 좋아 보인다고 해서 반드시 좋은 결과만 남는 것도 아니다. 그러니, 내게 오는 것이라면 다 때에 따라 오는 것이라 생각하고, 억지로 피하기보다는 일단 부딪혀 보아야 한다. 조금 부끄러운 일을 당해도 괜찮다. 그런 어설픈 시기를 지나야 비로소 바위 같은 내가 만들어진다. 이럴 때마다 부끄러움을 당할까 봐 눈과 귀와 입을 닫는다면 어떤 것도 하지 못하는 사람이 된다. 해내는 사람이 되고 싶다면 이럴 때마다 "아, 내가 더 성장해야 할 시기이구나"라고 생각하고 받아들이자. 그 순간을 딛고 나면, 언젠가 당신도 누군가의 앞에서 "나도 한때 참 부끄러웠지만, 그게 나를 키웠다"라고 말하는 어른이 되어 있을 것이다.

**"사람이 학문하는 데 가장 두려워할 것은
부끄러움을 모르는 것이다.
그러나 부끄러움을 피하는 것도 학문을 그르게 한다."**

현실에 안주하지 마라

 정약용은 말했다. "처음부터 어진 아내를 꼭 얻으려 하지 말고, 넓은 집에서 살기를 바라지도 마라. 아내가 어질면 부부 사이의 정은 깊어지고, 집이 좋으면 마음이 편하긴 하겠지만, 대장부가 편안함을 탐하면 그 뜻과 기백은 날로 쇠해진다. 잠시라도 곁을 떠나기 싫은 사람에게 어찌 사계절의 세월이 무사히 지나갈까. 예로부터 어진 선비라 불린 이들은 거처의 즐거움은 아예 생각조차 하지 않았다. 바라는 것 하나 없이 쓸쓸히 살면서, 한밤중이면 저절로 탄식이 흘러나왔다. 훨훨 나는 남쪽 고운 새들은 빛나는 날개가 얼마나 눈부신가. 이처럼 자기 자신을 사랑하고 아끼며, 맑은 물가에 비친 제 모습을 바라보라. 가을 하늘엔 독수리들이 기세등등 맘껏 날아다니는데, 작고 약한 새는 무슨 생각인지 하루종일 턱밑을 축 늘어뜨리고 있다. 그럴듯한 깃털이 있긴 해도 쑥밭 위를 날아다니는 데 만족하고, 등과 배의 솜털이나 애써 겨꿔 겨우 눈서리나 막는 데 쓰고 있다." 우리가 성장하는 데 있어 이 말은 참 중요하다. 정약용이 말하는 삶의 태도는 단지 절제나 검소함을 말하는 것이 아니다. '정말 큰 뜻을 품었다면 자신을 멈춰 세우는 안주함을 경계하라'는 경고다. 안주함이란 꼭 좋은 집, 좋은 사람과 같은 나를 편하게 하는 것들만 말하는 게 아니다. "힘든데 오늘은 쉴까?", "피곤한데 잠깐 잘까?", "지치는데 한 번 여행 갔다올까?"과 같은 사소한 생각과 습관도 포함된다. 보기에는 "이 정도는 괜찮겠지?"라고 생각할 수도 있는 것들이 나를 망친다. 그 한 번이 또 한 번을 만들고, 또 한 번이 마지막 한 번을 만들며 계속해서 자신의 각오를 무너트리게 되기 때문이다. 문제는 이러한 것들이 반복되다 보면, 스스로가 "나는 안 되는 사람인가 보다, 그냥 포기하자" 이런 생각을 하게 된다. 반대로 작은 것이라도 해내는 사람이 되다 보면 "나는 뭘 해도 되네?" 이런 생각이 생기게 되고 무엇이든 해낼 수 있다는 자신감이 생긴다. 즉, 계속해 내는 사람은 '해내는 습관'이 생기고, 계속 실패하는 사람은 '실패하는 습관'이 생긴다는 것이다. 그래서 안락한 일상에 안주하지 않고 해내는 습관을 갖는 것이 정말 중요하다. 정약용이 말한 '쑥밭 위를 맴도는 작은 새'의 의미는 겉보기에 멀쩡하고 그럴듯해 보이지만, 제 자리를 벗어나지 못하는 사람을 말하는 것이다. 날개를 갖고 있지만 고작 쑥밭 위에서 맴돌기에 사용하는 사람은 주변에 물고기가 없다며 짜증 낼 것이고, 주변에 골고루 갖춰진 상황에서도 너무 평범해, 잘하는 게 없다고 인생을 한탄할 것이다. 이처럼 우리가 살면서 적당히 괜찮은 상황에서 '이 정도면 됐지'라는 생각으로 자꾸 멈춰 서면 결국 아쉬움만 남게 된다. 과거의 노력을 후회하는 사람은 그 현실에 안주한 사람이다. 현실에 안주하지 않고 끝까지 노력한 사람은 아쉬움이 남지 않기 때문이다. 나중에 돌아보고 후회하지 않는 사람이 되려면 그리고 진정으로 큰 뜻을 품은 사람이라면, 안주함에 속지 말고 날개를 펴고 훨훨 날아가도록 노력해야 한다. 당장은 힘들고 외로울지 몰라도, 그 길이 결국 나를 더 크고 단단하게 만들 것이다. 만약 자신의 환경이 그곳에 떠나지 못할 만큼 아늑한 둥지 같은 곳이라면 그곳을 떠나서라도 해내는 사람이 되어야 한다. 그곳이 집이라면 공부방으로 가야 하고, 핸드폰이라면 핸드폰을 없애야 한다. 이 정도의 각오도 없이 큰 뜻을 품었다면 당신은 절대 성공하지 못할 것이다. 이러한 안락함은 해낸 후에 즐겨도 늦지 않다. 하늘을 자유롭게 훨훨 나는 독수리가 될지, 쑥밭 위를 맴돌며 만족하는 새가 될지 결정하는 건 자신의 몫이다. 당신은 어떤 삶을 살고 싶은가?

"대장부가 편안함을 탐하면
그 뜻과 기백은 날로 쇠해진다."

003

아무도 모르는 곳으로
사라지고 싶다면

살다 보면 경제적 어려움, 인간관계, 진로에 대한 고민 등 누구나 넘기 힘든 벽을 마주하게 된다. 이때 사람은 두 부류로 나뉜다. 벽을 넘는 사람과 회피하는 사람. 한 번이라도 스스로의 힘으로 벽을 넘어본 사람은 다음에 또 다른 벽을 만났을 때, '별일 아니야'라며 비교적 담담하게 그 벽을 넘어간다. 벽을 부수든, 돌아가든, 사다리를 놓든, 방법이야 어쨌든 스스로 넘었던 기억이 있기 때문이다. 반면 회피하는 사람은 매번 그 벽 앞에서 멈춰 선다. 누군가 끌어올려 줄 때까지 아무것도 하지 못하고, 점점 회피하는 삶에 익숙해진다. 그러다 보면 자신에 대한 불만이 쌓이고, 결국 모든 걸 내려놓고 아무도 모르는 어딘가로 도망치고 싶어진다. 하지만 그렇다고 벽을 넘은 사람이 이런 생각을 안 하는 건 아니다. 어느 정도 수순을 밟으면 더 이상 기력이 없고 해낼 자신이 없으면 다 내려놓고 멀리 떠나고 싶어 한다. 그래서 정약용도 그런 마음을 품은 적이 있었다. 그는 이렇게 말했다. "나는 세상의 혼탁함에서 벗어나고 싶은 마음을 늘 가슴속 깊이 품고 살아왔다. 그러다 보니, 자연스럽게 세상의 이치와 진리를 더 깊이 탐구하고자 하는 뜻도 품게 되었다. 하늘에 닿을 만큼 높은 부귀도 결국은 끝이 있는 법이다. 그렇기에 자연 속을 거닐고, 산과 물의 아름다움을 느끼며 사는 삶도 나쁘지 않을까 싶었다. 하지만 괜한 헛된 욕망을 품거나 허황한 계획을 세우진 말아라. 아무리 재능 있는 사람이라 해도, 숨어 살면서 그저 세월만 보내는 것이 반드시 훌륭하다고는 할 수 없다. 산속에 살아도 뜻이 없으면 떠도는 장사꾼과 다를 바 없기 때문이다." 즉, 목적 없이 현실을 회피하며 살아가는 것은 어디를 가든 떠도는 신세가 되며, 그런 인생은 반복될 수밖에 없다는 뜻이다. 이 말은 정말 중요하다. 종종 사람들은 지금의 어려움이 영원할 것처럼 여기고, 그 순간을 피하려 현실 도피를 선택한다. 하지만 우리의 인생은 현재의 나만 사는 것이 아니라, 미래의 나와 함께 살아가는 과정이다. 불을 끄기 귀찮다고 해서 그냥 놔두면 불이 번져 집이 다 타고 그 손해는 고스란히 나에게 오듯, 내가 당장 싫다고 회피한 문제는 결국 미래의 나에게 해결하라고 떠넘기는 것과 같다. 예를 들어, 어렸을 때 공부를 배우지 않으면 성인이 되어 사회생활을 하기 위해서 기초부터 다시 배워야 하고, 청년 시절에 돈을 모으지 않으면 늙어서 살기 위해 돈을 벌어야 하며, 지금 가족을 돌보지 않고 막 대하면 내가 아플 때 외로움 속에서 홀로 자신을 돌봐야 하는 날이 온다. 이것처럼 내가 어떤 선택을 하든, 그것은 미래의 나에게 부메랑처럼 다시 돌아오게 되어 있다. 그래서 어린 시절, 작은 부담을 넘는 경험은 매우 중요하다. 사람들이 거대한 코끼리를 조련하는 방법을 아는가? 조련사는 새끼 코끼리의 발목에 단단한 쇠사슬을 채운다. 새끼 코끼리는 도망치고 싶어도 힘이 부족해 그 쇠사슬을 끊지 못한다. 시간이 지나며 코끼리는 결국 "나는 쇠사슬을 끊을 수 없다"라고 생각하게 된다고 한다. 그럼, 성체가 되어 훨씬 크고 강해졌음에도, 이제는 얇은 밧줄 하나만으로도 도망치지 않게 된다. 어린 시절의 부담 회피는 그렇게 스스로를 묶는 쇠사슬과 같다. 그래서 젊은 시절 부담을 뛰어넘지 못하는 사람은 성인이 되어서도 부딪히려는 노력조차 하지 않게 된다. 물론 "동물은 사람보다 지능이 낮으니까 그렇다"고 생각할 수도 있지만, 사람도 별반 다르지 않다. 오히려 지능이 높을수록, 자신의 생각에 더 깊이 갇히기 쉽다. "나는 안 될 거야." "이건 나한텐 무리야." 그렇게 스스로를 규정해 버리는 것이다. 정약용은 이렇게 말했다. "내가 글을 배우는 데는 늦었고, 재능도 남만 못하다." 그럼에도 그는 유배지에서 500권이 넘는 방대한 책을 남겼다. 고통 앞에서 물러나기보다, 그 고통을 품고 삶의 의미를 다시 써 내려간 것이다. 그가 이렇게 할 수 있었던 이유는 자신의 부족함을 누구보다 잘 알고 있었기에, 끊임없이 배우고 노력하는 마음을 가졌던 것이다. 오늘날 많은 사람들이 잘해야 무엇인가를 할 수 있다고 착각한다. 하지만 잘하는 사람이 해내는 것이 아니라, 해보니 잘하게 되는 것이다. 그래서 오히려 자신의 부족함을 아는 사람이 더 빠르게 성장한다. 부족함을 인정하고, 잘나지 않음을 받아들이고, 내 안의 모난 부분까지 껴안는 사람은 모든 일 앞에서 마음을 가볍게 가질 수 있다. "잘해야 돼"라는 압박보다는 "못하니까 해보는 거지"라는 용기가 생기고, "완벽해야 해"라는 강박보다는 "이 정도 했으면 잘한 거야"라는 인내심이 생기게 되는 것이다. 결국 사람이 성장하지 못하는 이유는, 자신이 완벽하지 않다는 사실을 자꾸 잊기 때문이다. 그러니 만약 자신이 자꾸 회피하는 사람이라면 너무 '완벽'해지려고 하지는 않는지 생각해 봐야 하고, 자주 벽을 넘는 사람이라면 그것이 내가 똑똑하고 잘나서 그 벽을 넘는다고 생각하지는 않는지 마음을

'점검'해야 할 것이다.

**"산 속에 살아도 뜻이 없으면 떠도는
장사꾼과 다를 바 없기 때문이다."**

004

유독 미움받지 않는
사람들의 비밀

　유독 하고 싶은 말을 다 하는데 미움을 받지 않는 사람들이 있다. 가끔은 좀 재수도 없고 똑 부러지게 사람을 대하지만, 유별나게 싫지가 않은 사람이다. 이들이 미움받지 않는 이유는 자기가 언제 행동해야 하고, 언제 멈춰야 할지를 알기 때문이다. 요즘 말로 이걸 센스가 좋다고 말한다. 사람들이 센스가 좋은 사람은 눈치가 빨라서 여우처럼 빠져나간다고 생각하지만, 사실은 눈치보다 이들은 무엇이 옳고 틀렸는지를 알기 때문에 그 선 앞에서 멈춰 서는 것이다. 정약용은 이런 말을 했다. "나아가는 것이 옳다면 나아가는 것을 공손함으로 삼고, 나아가지 않는 것이 옳다면 나아가지 않는 것도 공손함으로 삼아라. 그러면 그 옳은 곳이 곧 공손함이 맞는 곳이다. 공손함이란 단지 겸양하거나 비굴한 태도가 아니라, 바른 판단을 기준 삼아 신중하게 행동하거나 멈추는 태도라는 말이다. 맹자가 "나만큼 왕을 공경하는 이는 없다"라고 한 말도 같은 뜻을 담고 있다. 맹자가 그렇게 말한 이유는, 아무 때나 왕을 따르지 않고, 왕이 옳을 때만 따랐기 때문이다. 그것이야말로 진정한 신념이자 공경이라는 것이다. 옳지 않은 일에 무턱대고 따르는 것이 결코 예의가 아니다. 선비나 지식인이 벼슬을 하여 임금을 섬길 때, 자신의 판단 없이 아첨하거나, 분위기에 휩쓸려 휘청이는 태도는 위험하다. 윗사람이 아랫사람을 대할 때에도, 혹은 다수의 사람을 이끌 때도, 마땅히 그 사람의 옳고 그름을 조용히 살펴야 하지, 먼저 순종하는 태도나 거만한 기색을 바탕으로 성급하게 판단하지 말아야 한다. 그렇게 해야 공정한 판단이 가능하고, 진짜 '공평'한 처신이 이루어진다. 퇴계는 공손함이 단지 상대방을 기쁘게 하거나 예의 바른 행동을 보이기 위한 것이 아니라, 무엇이 옳은지를 깊이 생각하고, 그것에 맞게 행동하는 '신중한 실천'임을 강조했다. 진정한 예의는 타인을 기쁘게 하려는 태도가 아니라, 자신이 옳다고 믿는 길을 신중하게 선택하는 데 있다는 것이다." 정약용의 말처럼 미움을 받지 않는 사람은 단순히 분위기를 잘 읽는 사람이 아니라, 옳고 그름에 따라 움직이는 사람이다. 이는 리더십이나 인간관계에서 매우 중요하다. 기준 없이 건네는 친절은 쉽게 아첨이 되고, 원칙 없이 따르는 순종은 결국 자신도, 남도 지키지 못하게 만들기 때문이다. 요컨대, 이것을 구분 못 하는 사람들은 그날의 기분에 따라 사람을 바라보고 생각한다. 자신이 기분이 안 좋으면 공손한 태도를 보이는 사람을 보고 내숭 떤다고 말하고, 당연한 예의를 차리고선 자신이 배려했다고 착각하는 어리석음을 가졌다. 그러나 무엇이 옳고 틀린 줄 아는 사람은 옳은 행동을 했을 때 칭찬하고, 옳지 않을 행동을 할 때는 자신은 그렇지 않다며 단호하게 말하고 조용히 빠져나온다. 또한 사람을 판단할 때 그 선을 갖고 바라본다. 예를 들어, 상대방의 공손함을 보고 공손하다 바로 단정 짓기보다 '어떤 상황에서 숙이는지'를 본다. 불리할 때만 머리를 숙이는 사람은 가식일 것이고, 자신이 옳아도 필요에 의해 숙이는 사람은 공손한 사람이기 때문이다. 또한 예의를 차리는 사람을 보고, 바로 예의 바르다고 생각하지 않고 '약자를 대할 때' 어떻게 행동하는지를 본다. 자신보다 강한 사람에게만 예의를 차리는 건 가식일 것이고, 약자에게도 예의를 똑같이 차릴 줄 아는 사람은 참된 품성을 갖고 있는 사람이기 때문이다. 이처럼 자신만의 옳고 그름이 있는 사람은 타인의 공손함과 예의를 보고 함부로 판단하지 않고, 기준을 갖고 바라보기 때문에 미움을 덜 받고, 또 주위에 나쁜 사람이 적다. 사람이 기준 없이 그저 보이는 대로만 움직인다면 분명 뒤탈이 나게 되어 있다. 그렇기에 내가 기준이 있는 사람이어야 다른 사람의 아첨과 아부에 휩쓸리지 않고 정확한 판단을 할 수 있는 법이다.

그러니, 쉽게 휘둘리는 사람이 되지 않으려면 자신만의 옳고 그름의 기준을 정확하게 갖고 사람을 대하고 또 바라보길 바란다. 적어도 기준이 없는 사람보다 기준을 갖고 사는 사람은 그 기준안에서만큼은 흔들리지 않고, 크게 미움받지 않는 삶을 살게 될 것이다.

"옳지 않은 일에 무턱대고 따르는 것은 결코 예의가 아니다."

005

유연하지 않으면
결국 막힌다

 물은 흐를 때 맑고, 멈추면 썩는다. 생각도 마찬가지다. 늘 같은 관점에 머물고, 타인의 말을 귀담아듣지 않는다면, 사고의 흐름은 언젠가 막히고 만다. 처음에는 단순한 고집이었을지 몰라도, 그것이 쌓이면 마음은 점점 굳어지게 되어 있다. 그렇게 굳은 마음은 어떤 조언도 받아들이지 못하게 되고, 결국 스스로 만든 생각의 울타리에 갇히게 되는 것이다. 정약용의 편지 중에 이런 말이 담겨 있다. "선생님의 '살아 있지 않으면 막히게 된다'는 말에 대해서, 내가 이전에는 이해하지 못했으나, 이제는 당신의 말씀대로 따릅니다. 겉보기에는 작은 말 같지만, 누구나 이렇게 말하기는 어렵습니다. 세상에서 큰 용기를 가진 사람이 아니라면 이렇게 할 수 없습니다. 세상의 많은 학자나 문인들은 자신의 글에서 단 한 문장, 한 단어만 지적당해도 속으로는 그 잘못을 알면서도, 겉으로는 인정하지 않으려 하고 오히려 변명하거나 억지를 부립니다. 때로는 얼굴빛이 변하고, 앙심을 품으며, 심지어 해코지하려는 이도 있습니다. 이러한 모습들을 보면, 어찌 아무런 감정 없이 넘어갈 수 있겠습니까? 이것은 글에만 해당하는 것이 아닙니다. 평소의 말과 행동에도 똑같이 적용되며, 그로 인한 폐해는 훨씬 더 심각할 수 있습니다. 그러니 우리는 늘 스스로를 돌아보며, 이런 병폐를 없애기 위해 마음을 닦고 노력해야 합니다. 특히 자신의 잘못을 깨달았을 때는, 곧바로 생각을 바꾸고, 더 나은 방향으로 나아가야 합니다. 봄날의 눈이 스르르 녹듯이, 착하고 올바른 마음을 따를 수 있다면, 결코 어지럽고 이기적인 무리에 섞이지 않게 될 것입니다." 정약용이 말한 것처럼 사고가 유연하지 않으면 생각이 막히고, 그로 인해 다른 가능성을 보지 못하게 된다. 그리고 이런 통찰은 자기 생각이 틀렸음을 받아들일 수 있는 용기 있는 자만이 얻을 수 있는 지혜다. 이러한 그의 깨달음과 가르침은 오늘날 우리 사회에도 여전히 깊은 의미를 지닌다. 과거에는 주로 세대 간의 갈등이 두드러졌다면, 이제는 남녀 간, 계층 간, 심지어 부모와 자식 간의 사고 차이에서도 갈등이 커지고 있다. 이는 세상이 빠르게 변하고 있다는 방증이며, 동시에 서로서로 이해하려 하기보다는 각자의 세상에 갇혀 "왜 나를 이해해 주지 않느냐"고 외치는 시대가 되었음을 의미한다. 이럴 때일수록 우리는 더욱 유연한 사고방식을 가져야 한다. 너무 한쪽으로 치우친 생각을 하면 다양한 사고를 지닌 사람들을 이해할 수 없게 되고, 자신만의 삶의 방식을 고집하게 되면 누구와도 함께 어울려 살 수 없다. 이처럼 현실보다 자신만의 기준을 고집하는 사람은 넓은 세상을 두고 스스로를 무인도에 가두는 셈이다. 결국 편향된 시각은 우리를 고립시키고, 성장의 기회를 막는다. 흰 눈은 겨울에 내리든 봄에 내리든 겉보기엔 하얗다. 하지만 자세히 들여다보면 모양과 생김새는 제각각이다. 사계절도 늘 반복되는 듯하지만, 지금껏 같은 날씨가 단 하루라도 있었던 적이 없다고 한다. 어쩌면 우리는 매일 '일상'이라는 단어 하나만으로, 반복되는 지루한 하루라고 생각하며, 늘 새롭고 변하는 하루를 놓치며 살아가고 있는 걸지도 모른다. 편향된 시각은 이렇게 늘 새롭고 배울 것들로 가득한 세상을 보지 못하게 만드는 것이다. 그래서 우리는 정약용의 말처럼, 봄날의 따뜻한 햇살에 눈이 녹듯 부드럽게 받아들이는 사람이 되어야 한다. 물이 끊김 없이 흐르며 스스로 길을 만들 듯, 우리의 생각도 계속 움직이며 변화와 성장을 이어가야 한다. 우리가 진정으로 '살아 있는 존재'로 남기 위해서는, 유연한 사고와 열린 마음이 반드시 필요하다. 그것이야말로 오늘날 우리가 배워야 할 가장 소중한 삶의 지혜일 것이다.

"살아 있지 않으면 막히게 된다."

006

절제하는 법을 배워라

손끝 하나로 원하는 것을 즉시 얻을 수 있는 시대다. 그래서일까, 오늘날 사람들은 절제를 점점 더 어려워한다. 기다리기보다는 충동적으로 반응하고, 배고프면 바로 음식을 주문하며, 지루하면 영상 하나로 금세 시간을 채운다. 예전에는 한국을 '빨리빨리' 문화라고 불렀다면, 이제는 '바로바로' 문화로 바뀌고 있는 듯하다. 시대가 변하면 그에 맞는 정신도 달라져야 하지만, 많은 사람들은 그저 편리함만을 좇는다. 결국 그런 편안함에 길들여져, 어느새 스스로 편함의 노예가 되어버리곤 한다. 하지만 성공하는 사람들은 다르다. 충동에 휩쓸리기보다 한발 앞서 생각하고, 오히려 절제를 통해 새로운 기회를 만들어낸다. 바로 배달되는 앱을 만들고, 쉽게 숙박할 수 있는 곳을 만들며 부를 창출하는 것이다. 이처럼 시대가 빠르게 변할수록, 그 속도를 따라갈 수 있는 정신을 가진 사람이 끝내 살아남는다. 정약용은 말했다. "마음의 욕망을 따라 살면 반드시 망하고, 뜻을 따라 살면 반드시 이롭다." 욕망은 달콤하지만, 끝이 없고, 뜻은 고되지만 결국 성취로 이어진다. 그런데 절제하는 법을 배워야 한다고 말하면 사람들은 상황이나 환경의 영향일 수 있음에도 잠깐 참은 거 같고, 자신이 절제를 잘한다고 착각한다. 예를 들어 누군가와 함께 있을 때는 부끄러움 때문에 자제할 수 있고, 위기 상황에서는 순간적으로 욕망을 눌러 참을 수도 있다. 그러나 시간이 지나고 환경이 바뀌면 금세 무너지고 만다는 것이다. 그래서 진짜 절제를 잘하는지 알고 싶다면, 아무도 보지 않을 때 나 자신을 어떻게 다루는지를 보면 된다. 예를 들어 집에서 '핸드폰을 보지 말아야지'라고 다짐하면서도 어느새 다시 손에 쥐고 있다면, 그건 절제하지 못하고 있는 것이다. 절제는 단지 참는 게 아니라, 더 큰 목표를 위해 지금의 작은 만족을 유예하는 선택이다. 하지만 이를 하지 못하면 결국 충동적으로 행동하는 사람은 후회할 일을 반복하게 되는 것이다. 우리는 이 점을 잊지 말아야 한다. 큰 뜻을 품었다면, 무엇보다 자기 자신부터 절제하는 법을 배워야 한다. 정약용은 절제에 대해 이렇게 말했다. "단기간의 절제는 환경에 의해 가능하지만, 긴 시간 동안의 절개는 오직 굳은 뜻과 마음가짐에 달려 있다. 의지를 다잡지 않으면 결국 흐트러지고 탐욕에 빠지게 된다." 결국 절제는 외적인 통제가 아니라 마음의 힘에서 비롯된다는 것이다. 사람들은 시간이 흐르면 절제력이 좋아지고 나이가 들면 저절로 지혜가 생길거라 생각한다. 하지만 나이가 들수록 절제를 배우지 않으면 탐욕이 늘고, 지혜를 배우지 않으면 무식함이 는다. 나이는 그동안 절제와 지혜를 배울 수 있는 '기회의 횟수'이지, 절대 그 무엇도 아니다. 절제를 연습하지 않으면, 나이가 들수록 탐욕은 더 교묘해지고, 욕망은 더욱 그럴듯한 이유를 들이대며 자신을 합리화하게 된다. 절제는 한 번 해냈다고 끝나는 일이 아니다. 오늘 잘 참았다고 내일도 저절로 참아지는 것이 아니며, 지금 다짐했다고 해서 그 습관이 영원히 유지되는 것도 아니다. 절제는 매 순간 다시 마음을 다잡고, 다시 기준을 세워야 하는 끝없는 연습이다. 절제를 실천하는 사람은 결국 자신과의 약속을 지키는 사람이다. 그런 사람은 무엇을 하든 해낼 수 있다. 그러니 흔들릴 때마다 자신의 마음을 돌아보고, 절제를 통해 스스로를 단단하게 다듬어가길 바란다.

**"마음의 욕망을 따라 살면 반드시 망하고,
뜻을 따라 살면 반드시 이롭다."**

007

흔들리지 않으려면
마음부터 다잡아라

　마음이 흐트러지면, 사소한 일에도 쉽게 상처받고 분노가 치밀며, 기운마저 탁해진다. 마음이 어지럽다는 건 단순히 감정이 격해졌다는 뜻이 아니다. 생각이 많고, 기운이 중심을 잃어 스스로를 갉아먹고 있다는 신호다. 우리가 가까운 이들에게 괜히 짜증을 내거나 화를 터뜨리게 되는 것도, 결국 이 마음의 흐트러짐 때문이다. 모든 힘은 마음에서 나온다. 마음이 탁하면 좋은 것도 싫게 보이고, 마음이 맑으면 싫은 것도 좋게 보인다. 그래서 우리는 심기를 잘 다스릴 줄 알아야 한다. 쉽게 무너지지 않는 사람은, 결국 마음을 바로 세운 사람이다. 정약용은 심기를 다스리는 방법을 묻는 편지에서 이렇게 답변했다. "보내신 글 중 '매일의 생활 속에서는 말이 오가는 것을 줄이고, 욕심을 절제하며, 한가롭고 깨끗하게, 고요하고 평온하게 지내는 것이 좋다. 책을 읽거나 그림과 글씨, 꽃과 나무, 산과 시냇물, 물고기와 산새를 감상하는 것도 진심으로 즐기고 기쁨을 누릴 수 있다면, 그것만으로도 마음이 편안해지고 화가 치미는 일이 줄어든다. 이것이 바로 마음과 기운을 다스리는 핵심 방법이다. 책을 읽을 때도 억지로 마음을 다그치거나, 많은 양을 무리해 보려 해서는 안 된다'라고 하신 이 말씀은 고요하고 여유로운 상태에서 마음을 천천히 가라앉히는 신묘한 방법이라 할 수 있습니다. 하지만 만약 이를 핑계 삼아 나태하게 지내거나 하루 종일 놀고 즐기기만 한다면 마음을 단속하고 수렴하는 데에는 아무런 도움이 되지 않습니다. 결국 바르게 공부하고, 사사로운 욕심을 이기며, 경건하고 집중

된 자세가 있을 때에야 이 방법이 빛을 발할 수 있습니다. 다만, 심기가 혼란하고, 정신이 산만하며, 몸과 마음이 조급하거나 외로운 때에는 이 방법이 오히려 좋은 치료법이 될 수 있습니다. 풀어주고, 조이고, 펴주고, 움츠리는 이 모든 과정이 자연스럽게 균형을 이루며, 마치 음양과 춥고 더움 중 어느 하나라도 잃을 수 없는 것처럼, 마음과 기운의 흐름도 조화롭게 이어지게 되는 것입니다." 정약용이 말했듯, 결국 모든 것에는 조화가 필요하다. 너무 편해지고자 마음을 놓아버리면 나태해지고, 성공하고자 마음을 지나치게 조이면 그것은 집착이 된다. 사람의 마음도 배터리와 같다. 계속 쓰기만 하면 점점 소모되고, 오래 사용할수록 충전도 더뎌진다. "나중에 회복하면 되겠지"하는 마음으로 무리하면, 결국 방전되어 무기력해진다. 그래서 한쪽으로만 치우치지 않고, 적당히 쉬고, 좋아하는 일로 충전해 주며 마음을 보살펴야 한다. 하지만 많은 이들이 마음이 어지럽고 기운이 흐트러졌을 때조차도 억지로 참으며 버티려 한다. 그러나 정약용이 강조했듯, 때로는 조용히 풀어주고, 때로는 단단히 조이면서 자연스러운 흐름을 따라가야 오래 갈 수 있다. 모든 걸 꼭 붙잡으려 하면 오히려 더 빨리 지치고, 마음의 기운은 더 쉽게 고갈된다. 그러니 쉴 땐 제대로 쉬고, 공부할 땐 바르게 집중하며, 삶의 속도에 맞춰 심기를 다스리자. 무작정 달리기만 해선 멀리 갈 수 없고, 무작정 쉬기만 해선 원하는 곳에 닿을 수 없다. 조급해하지도, 게으름에 빠지지도 말고, 하루하루 자신을 다스려가는 사람이 되자. 그게 결국 가장 단단하고 오래가는 길이다.

"마음과 기운의 흐름도
조화롭게 이어지게 되는 것입니다."

008

마음의 병은
약도 없다

 "내면의 아름다움이 외면의 아름다움을 이기지 못한다"는 말을 어떻게 생각하는가? 이 말에 어느 정도 동의한다. 하지만 조금만 생각해 보면 생각이 달라진다. 사람은 보여지는 것에서 행복감을 느끼지만, 그 행복감은 결국 마음에서 비롯된다. 어떤 사람은 잘생긴 사람을 좋아하고 어떤 사람은 덩치가 큰 사람을 좋아한다. 즉, 그 좋아하는 기준이 외적인 것 같지만, 결국 그 외적인 것을 찾는 건 사람의 마음인 것이다. 그렇기에 모든 것의 기준은 내면이어야 하며, 그 바탕 위에서 외면을 가꿀 줄 아는 사람이 되어야 한다. 그런데 사람들은 이를 간과할 때가 많다. 예를 들어 이별 후 많은 사람들이 그 상처를 사람으로 잊으려 한다. 그렇게 마음을 나누지 않았는데도 다른 사람을 사귀고, 여러 사람을 만나며 그 사람을 잊으려 노력한다. 그러나 이는 근본적인 해결책이 아니다. 정약용은 말했다. "마음과 기운에 근심이 생기는 이유는, 이치를 제대로 이해하지 못한 채 쓸데없는 것에 얽매이고 억지로 따지고 들기 때문이다. 또한 마음을 다스리는 방법이 분명치 않아, 마치 싹을 억지로 잡아당겨 키우려는 것처럼 조급하게 스스로를 몰아붙여 마음과 기운을 소진하게 된다. 그러면서도 왜 힘드는지를 깨닫지 못해 고통이 깊어진다. 나 역시 예전엔 성현들이 '나는 마음의 병이 있다'고 말한 글귀의 뜻을 이해하지 못했다. 하지만 이제는 그 말의 의미가 깊이 와닿는다. 많은 사람들은 자신의 마음이 흐트러져 있어도 이를 점검하지 않는다. 그래서 마음속에 수많은 괴로움을 안고도 겉으로는 멀쩡한 듯 살아간다.

마치 정신이 흐려진 사람이 자기 병을 자각하지 못한 채 태평한 척 지내는 것처럼 말이다. 자신에게 마음의 병이 있다는 걸 모르는 이유는 내면을 들여다보는 공부가 부족하기 때문이다. 만약 우리가 진심으로 마음을 다스리는 공부에 힘쓴다면, 금세 내 안에 얼마나 많은 병과 문제가 있는지 깨닫게 될 것이다. 주자(朱子)도 말했다. "이런 행동이 병이라는 걸 알게 되면, 그것을 하지 않는 것이 곧 약이라는 것도 알게 된다." 즉, 사람으로서 나아지는 것이 아닌, 마음의 병에 근원을 찾고 그것을 이겨낼 만큼 마음이 성장한 스스로가 해결한다는 것이다. 그런데 사람들은 자꾸 외적인 것에서 문제를 찾고 있다. 오늘날 의학은 눈부시게 발전했다. 그런데 우울증과 조울증 같은 마음의 병은 오히려 늘고 있다. 이는 사람들이 점점 자신의 마음을 돌아보는 공부를 하지 않기 때문이다. "자신을 사랑해라", "나답게 살아라." 같은 말은 쉽게 접하고 듣지만, 정작 내면을 들여다보는 시간에 핸드폰과 TV 그리고 사람들의 위로에만 의존하기 때문이다. 그러다 스스로 "이게 정답"이라 단정 지으며 잘못된 판단을 반복하고 있다. 그러나 그것으로는 절대 마음의 병을 치유할 수 없다. 정약용이 말했듯, 내가 왜 힘든지 스스로 깨닫지 못하면 평생 그 고통에서 벗어나지 못한다. 슬프면 왜 슬픈지, 괴로우면 왜 그런지 자신을 돌아볼 줄 아는 사람이 되어야 한다. 마음에도 병이 있다. 몸이 아프면 병원에 가서 약을 받지만, 마음의 병은 약도 없다. 그럼에도 사람들은 외적인 것에만 신경을 쓰며 나아지기를 바란다. 우리는 누군가를 좋아할 때는 간이고 쓸개고 다 내어줄 듯 애쓰면서, 정작 자신과 가장 가까운 자신은 제대로 마주하려고 하지 않는다. 이는 자신을 사랑하지 않는다는 증거다. 만약 마음의 병이 이미 깊어졌다면, 이 말을 마음 깊이 새기길 바란다. 하나, 겉으로는 멀쩡해 보여도 모두가 잘 살고 있는 것은 아니다. 괜찮은 척 애쓰며 살아가는 것이다. 둘, 걱정은 10분 이상 하지 마라. 10분 넘게 답이 나오지 않으면 지금 당장 해결할 수 없는 문제다. 셋, 우리는 실제 일어난 일보다 상상으로 더 큰 상처를 받는다. 조금 더 긍정적인 시각으로 바라보자. 넷,

내가 하는 모든 말은 평소 생각과 마음에서 나온다. 내가 무슨 말을 자주 하는지 되돌아보며 마음을 점검하자. 다섯, 인생에서 중요하다고 여긴 것은 시간이 지나면 바뀐다. 너무 집착하지 말자. 여섯, 관계에 목숨 걸지 말자. 내가 잘하는가보다 상대가 나에게 어떤 태도를 가지는가가 더 중요하다. 일곱, 내가 첫 번째여야 한다. 내가 망가지면 어떤 관계도 유지할 수 없다. 이 일곱 가지 규칙은 정약용이 "이런 행동이 병이라는 걸 알게 되면, 그것을 하지 않는 것이 곧 약이 된다."고 한 말처럼 마음의 병에서 벗어나기 위한 작은 지침이다. 지금까지 외적인 것에 마음을 쏟느라 병들었다면, 이제는 살아온 규칙을 바꿔야 한다. 중심을 '외부'가 아닌 '나'로 돌려보자. 그러면 당신 인생의 게임은 바뀌게 될 것이다. 자신의 내면을 가꾸어, 부정적인 생각에서 긍정적인 생각으로 당신을 인도하는 임시 처방전이다. 이제는 자신의 내면을 돌아보고 당신만의 인생을 살아가길 바란다.

"마음과 기운에 근심이 생기는 이유는,
이치를 제대로 이해하지 못한 채 쓸데없는 것에
얽매이고 억지로 따지고 들기 때문이다."

분위기에 몸을
내어주지 마라

 분위기에 쉽게 휘둘리는 사람들이 있다. 이들은 대체로 자신의 의견이 뚜렷하지 않거나, 본인의 의지가 약한 경우가 많다. 그래서 주변의 말과 분위기에 영향을 받아 생각이나 행동이 자주 바뀐다. 무엇보다, 타인의 시선을 과하게 의식하기 때문에 자신의 마음보다는 다수의 분위기를 따르려는 경향이 강하다. 누군가 웃으면 덩달아 웃고, 누군가 우울해지면 금세 그 기운에 잠식되곤 한다. 공감 능력이 뛰어나다고 볼 수도 있지만, 이런 공감 능력에 경계가 없을 땐, 쉽게 지치고 무너지기 쉽다. 또한, 이런 사람들은 자기가 먼저 결정을 내리는 데 익숙하지 않다. 주체적인 경험이 부족하다 보니, 늘 타인의 선택에 자신을 맡기는 편이다. 그리고 외로움을 잘 못 참아 혼자 있는 걸 두려워하고, 무리 속에 있어야 안심이 되기 때문에, 그 집단의 분위기에 더욱 민감하게 반응하게 된다. 이러한 성향은 즉흥적인 판단으로 이어지기도 한다. 순간의 감정에 휩쓸려 말을 바꾸거나 충동적인 행동을 하게 되고, 결국 후회나 불편한 상황을 만드는 일이 잦아진다. 정약용은 이러한 것에 쉽게 치우치지 않는 방법에 대해 이렇게 말했다. "즐거움은 고통을 거쳐야 얻어지는 것이며, 반대로 지나친 즐거움은 다시 괴로움을 낳게 된다. 괴로움과 즐거움이 서로 번갈아 생겨나는 원리는, 세상의 '움직임과 고요함', '음과 양'처럼 서로의 근본이 되어 순환하는 것이다. 이런 원리를 제대로 이해한 사람은, 세상의 흥망성쇠와 운명의 흐름을 꿰뚫어 보고, 언제나 자신의 마음을 대중과는 반대로 두려 한다. 다시 말해, 모두가 기뻐할 때 혼자 들뜨지 않고, 모두가 슬퍼할 때 혼자 주저앉지 않는 자세다. 이렇게 하면 괴로움과 즐거움이 서로의 기세를 누르고 어느 한쪽에 치우치지 않게 된다. 이는 마치 곡식이 귀할 때는 비싸게 사들이고, 풍년일 때는 싸게 풀어 물가를 조절했던 것과 비슷하다. 괴로움과 즐거움에 대처하는 방법도 이와 같다. 예를 들면, 내가 처음 성안에서 지낼 때는 마음이 막막하고 답답했지만, 거처를 다산으로 옮긴 뒤에는 자연의 안개, 이슬, 꽃, 나무를 벗 삼아 유배의 시름을 잊을 수 있었다. 괴로움에서 즐거움이 피어난 것이다. 얼마 후 강진의 병마우후로 근무하던 이중협이라는 관리가 깊은 숲과 맑은 시냇물이 흐르는 이곳까지 나를 찾아왔다. 이후에도 그는 떠난 뒤 날마다 편지를 보내주었고, 배를 띄워 강물에 몸을 싣고 함께 뱃놀이를 즐겼으며, 말을 타고 봄마다 나를 찾아왔다. 벌써 3년째 지속된 우정이었다. 그러던 중 그가 임기를 마치고 이곳을 떠나게 되자, 나와 이별하는 술자리를 마련해 작별을 고했다. 이제 그는 떠나고, 나는 다시 혼자 남는다. 아무리 종이와 붓이 내

곁에 있다고 하더라도, 함께 시를 주고받던 이가 없으니, 누구에게 편지를 쓸 수 있겠는가. 다시 다산 계곡으로 수레 소리와 말발굽 소리가 들릴 일도 없을 것이라 생각하니 서글프기 짝이 없다. 이것이 바로, 즐거움에서 생겨난 괴로움이다. 그러나 괴로움은 다시 즐거움의 뿌리다. 내가 살아서 유배지를 벗어나 고향으로 돌아가고, 이중협 군도 휴직하여 남쪽의 고을 남주나 벽계에서 다시 나를 찾아온다면, 산나물과 회를 곁들여 함께 밥상을 나눌 수 있을 것이다. 그때가 되면 지금의 괴로움은 다시 즐거움으로 바뀔 것이다. 그러니 벗이여, 너무 슬퍼하지 말게. 설령 우리가 늘 바라던 대로 말을 타고 오가며 매일 만나 놀게 되더라도, 결국엔 너무 익숙해져 그 즐거움조차 무뎌질 것이다. 세찬 여울과 잔잔한 물결이 어우러져야 비로소 물이 아름다운 무늬를 만들듯, 느린 피리 소리와 빠른 거문고 소리가 어울려야 음악이 풍성한 빛깔을 가지듯, 인생의 괴로움과 즐거움도 서로 조화를 이루며 깊이를 더하는 법이다. 그러니 슬퍼하지 말게." 정약용의 말처럼, 모두가 기뻐할 때 혼자 들뜨지 않고, 모두가 슬퍼할 때 혼자 주저앉지 않는 자세를 가지면 된다. 분위기에 휘둘리지 않는다는 것은 단지 감정을 억누른다는 뜻이 아니다. 오히려 감정의 중심을 스스로 지켜낸다는 뜻이다. 누구나 함께 웃고 울 수 있다. 하지만 중요한 건, 그 속에서도 나를 잃지 않는 일이다. 남이 웃는다고 무조건 따라 웃고, 남이 우울하다고 같이 가라앉을 필요는 없다. 감정은 함께 나누되, 기준은 내 안에 있어야 한다. 그래야 관계에 휘둘리지 않고, 상황에 흔들리지 않는다. 중심이 흔들리는 순간, 우리는 남의 선택과 기분에 지배당하게 되고, 결국 스스로의 감정조차 잃게 된다. 나를 의식적으로 억제하라는 게 아니라, "내가 좋으면 좋다" "싫으면 싫다" 표현을 확실히 하고 또 그 분위기에 따라 행동하지 말고, '나답게' 행동하고 절제할 줄 아는 사람이 되라는 것이다. 이것을 잘 해낸다면 어디 가서도 흐트러지지 않고 중심을 지키는 듬직한 사람이 될 수 있을 것이다.

"즐거움은 고통을 거쳐야 얻어지는 것이며,
반대로 지나친 즐거움은 다시 괴로움을 낳게 된다."

목표가 클수록
혼자일 각오를 하라

목표가 클수록, 더욱 혼자가 되어야 한다. 사람들은 목표가 크고 멋질수록 "진짜 할 수 있겠냐?"며 의문을 던진다. 여태까지 경험으로 보아, 시기와 질투 그리고 걱정하는 마음에 말하는 사람도 있지만, 대부분 자신의 능력에서 할 수 없다고 판단되면 별생각 없이 대답하는 사람들이 과반수다. 그래서 굳이 말하고 다닐 필요가 없다. 또한 꿈은 애초에 혼자 꾸는 것이다. 아무도 모르게 가슴속에 간직한 채, 천천히 키워가야 하는 불

씨다. 자신이 해내고 싶은 것이 있다면 말하지 않고, 조용히 해내는 사람이 되어야 한다. 꿈을 말로 꺼내는 순간, 세상과 사람들은 의문점을 만들어내고, 판단을 시작한다. 그걸 왜 하려고 하느냐, 가능하긴 하냐, 그 길은 험할 거라는 말들을 수없이 내뱉을 것이다. 그래서 정말 이루고 싶은 꿈을 꾸었다면 그들과 타협하면 안 된다. 응원보다는 의심이 먼저 돌아오는 세상 속에서, 꿈꾼다는 건 조용히 혼자가 되는 일이다. 정약용은 말했다. "인생이란, 참 멀고 긴 길을 떠나는 나그네 같아서 한평생을 갈림길에서 방황하는 신세다. 나는 유교 경전인 육경을 공부하는 것만으로도 기쁘지만, 유학 이외에도 다양한 철학적 사상을 넓게 배우고 싶었다. 패기 넘치던 젊은 시절엔 병법서를 읽으며 위대한 인물이 되어 역사에 이름을 남기고 싶다는 야망을 품기도 했다. 하지만 돌이켜보니 그런 생각은 너무 주제 넘었기에, 책을 덮고 길게 한숨을 내쉬었다. 도리어, 큰 뜻을 말하는 사람조차도 진심으로 믿고 가까이하기가 어려웠다. 괜히 나를 이용해 자신의 목적을 이루려 하진 않을까 불안한 마음이 생겼기 때문이다. 그래서 그냥 초연히, 혼자 가야 할 길을 가야 한다. 고독하더라도 그 길 위에서 자기 생각과 마음을 지키는 것이 오히려 더 위안이 될 수 있기 때문이다. 하늘과 땅처럼 변하지 않을 것 같은 것도 사실은 조금씩 변하고, 도덕이라는 것도 항상 존중받는 것이 아니라 어느 순간 외면당할 수도 있다. 우주의 이치는 아주 미묘하고 천천히 흐르기에 누가 감히 그 근원을 다 헤아릴 수 있을까. 용과 같은 위대한 존재나 커다란 변화가 등장하면, 작고 연약한 존재들은 두려움을 느끼고 불안에 빠지게 된다. 아무리 어둠 속에서 설치던 악한 존재들이라도, 밝은 진리나 정의가 드러나는 순간 결국 사라질 수밖에 없다. 세상의 이치는 일직선이 아니라 늘 곡선처럼 굽이져 있고, 그 속에서 우리는 때때로 어려움과 불운을 겪기도 하니 두렵기도 하다. 하지만 마음을 잃지 않고 조용히 바른길을 걷다 보면, 그 안에서 얻게 되는 깊은 평온과 기쁨은 말로 표현하기 어려울 만큼 크다.” 정약용의 말처럼 큰 뜻을 품은 사람이라면, 세상의 시선에 휘둘리지 않고 나에게 타협할 만한 어떠한 여지를 주기 전에, 말하지 말고 차라리 혼자가 되는 게 낫다. 뜻이 크면 클수록 사람들과 섣불리 나누기 어렵고, 그 깊이를 이해받는 데에도 시간이 걸린다. 그래서 진심으로 살아가는 사람은 종종 외로움을 감수해야 한다. 예를 들어 당신이 가위를 처음 발명하기 위해 한 손으로 종이와 웬만한 것들을 다 자를 수 있는 도구를 발명할 것이라고 사람들에게 말한다고 생각해 보자. 어떤 구조인지 어떤 원리에서 만들어지는지 사람들은 그들이 보는 것에서는 절대 가위라는 형태가 나올 수 없기에 이해하지 못하고 비웃을 것이다. 그래서 말로 다 설명하기보다 만들어서 보여주는 것이 편하다. 이처럼 당신도 굳이 이런 목표를 가졌고, 어떻게 할 것이라고 말하기보다, 일단 해내고 보여주면 된다. 사람들에게 자신의 의지를 보여주는 것보다 중요한 건 나의 의지가 꺾이지 않는 것이기 때문이다. 그러니, 외로움을 두려워 말고, 오히려 그 속에서 단단해지자. 아무리 물에서 날고 기는 물고기들일지라도 거센 물살을 이기지는 못한다. 당신이 아무리 뛰어난 재능이 있고, 똑똑할지라도 말 많은 이들에게 떠밀려 의지를 잃을 수밖에 없다. 그러니, 목표가 있다면 그것을 이루기 전까지 그 어떤 말에도 흔들리지 않고 의지를 지킬 수 있게 방해요소를 제거해야 한다. 사람들은 쉽게 말하고, 때론 아무 근거 없이 당신의 길을 평가하려 들 것이다. 하지만 중요한 건 그들의 시선이 아니라, 당신이 끝까지 가고자 하는 그 마음이다. 조용히, 묵묵히, 당신의 자리에서 그 길을 걸어가라. 혼자일수록 의지는 더욱 강해진다. 그렇게 끝까지 포기하지 않는 마음이 결국 당신을 원하는 곳까지 데려다줄 것이다.

**"용과 같은 위대한 존재나 커다란 변화가 등장하면,
작고 연약한 존재들은 두려움을 느끼고
불안에 빠지게 된다."**

011

비밀을
목숨같이 여겨라

 우리는 종종 '이 사람은 믿을 만하니까'라는 생각에 누군가에게 비밀을 털어놓는다. 하지만 그 순간부터 그것은 더 이상 '비밀'이 아니게 되어 있다. 이미 뱉어진 비밀은 '신비성'을 잃기 때문이다. 말이 한 번 입 밖으로 나오는 순간, 언제든 다른 누군가의 귀로 들어가고, 다시 다른 입을 통해 흘러 나갈 수 있다. 결국 비밀이란 나 혼자 알고 있을 때만 온전히 존재하는 것이다. 그래서 비밀을 지키는 가장 확실한 방법은 아무에게도 말하지 않는 것이다. 그걸 모르고 사람들은 자신의 마음이 편해지고자 대부분 "이건 너만 알고 있어" 혹은 "절대 말하지 마!"라는 말로 사람들에게 말하곤 한다. 하지만 비밀은 지켜달라고 부탁한다고 지켜지는 게 아니라, 아예 말하지 않음으로써 지켜지는 것이다. 아무리 가까운 사람이라도, 아무리 신뢰하는 관계라도, 언젠가는 오해나 갈등이 생길 수 있고, 그때 무심코 흘린 말 한마디가 나를 곤란하게 만들 수도 있다. 후회는 항상 입을 연 뒤에 찾아온다. 정약용은 비밀을 지키는 방법과 근신의 자세에 대해 이렇게 말했다. "남이 알지 못하도록 하고 싶으면 행위를 하지 않는 것보다 더 좋은 것이 없고, 남이 듣지 못하도록 하고 싶으면 말하지 않는 것만 한 것이 없다. 이 두 구절의 말을 평생 동안 몸에 지니고 있으면, 위로는 하늘을 섬길 수 있고 아래로는 집안을 보존할 수 있다. 세상의 재물과 근심거리, 또는 천지를 뒤흔들 만큼 크고 무거운 죄악은 사람의 몸을 해치고, 가문을 망하게 할 일들은 대부분 '몰래 감추고 하는 일'에서 비롯된다. 그러니 무슨 일을 하거나, 무슨 말을 하든 반드시 깊이 생각하고 신중히 판단해야 한다. 만약 '이 글이 사거리의 번화가에 떨어져 있어 원수진 사람이 열어보더라도 나에게 죄가 없을 것인가'라고 생각하고, 또, '이 편지가 수백 년 뒤까지 유전되어 허다한 식별력 있는 사람들에게 보여져도 나에게 비난이 없을 것인가?'라고 생각한 뒤에 쓰고 밀봉해야 하니, 이것이 군자가 근신하는 태도이다. 나는 젊은 시절에 글씨를 빨리 썼으므로 이런 실수를 많이 했다. 중년에는 뒷일이 두려워 점차 이 법도를 지켰더니, 매우 유익하였다. 이 점을 명심하라." 그렇다. 비밀은 말로 지켜지는 것이 아니라, 말하지 않으므로 지켜지는 것이다. 그리고 그 비밀을 진득이 가지는 방법은 처음부터 나중에 있을 일을 대비하고 누가 봐도, 누가 들어도 이상하지 않을 거 같은 것만 말해야 한다. 우리는 가끔 감정이 앞설 때, 혹은 순간의 친밀감에 기대어 쉽게 무언가를 말해버리곤 한다. 하지만 시간이 지나면, 그 말이 얼마나 가볍고 위험했는지 깨달을 때가 오게 되어 있다. 그래서 항상 말을 하기 전에 이 말이 다른 사람이 또 말해서 벌어질 일에 대해 깊이 생각하는 사람이 되어야 한다. 나중을 볼 줄 아는 사람은 말의 무게를 아는 사람이다. 그래서 지혜로운 사람은 말보다 침묵을 택하고, 입을 열기 전 마음부터 다잡는다. 비밀이란 애초에 나눌 대상을 고민해야 할 만큼 신중한 것이며, 친밀감이란 이름으로 쉽게 흘려보낼 수 있는 것이 아니다. 이는 살아가는 데에 있어 매우 중요한 것이다. 나중에 부끄럽지 않으려면 부끄러운 말을 절대 입 밖으로 꺼내지 말고, 항상 절제하며, 정말 말하고 싶다면 나중에 그 말이 퍼졌을 때, 괜찮을 것인지 생각해 보고 말해보자. 그럼, 말로 인해 후회할 일이 반으로 줄어들 것이다.

**"남이 듣지 못하도록 하고 싶으면
말하지 않는 것만 한 것이 없다."**

Chapter. 05

인생은 한끗 차이다

다산 정약용

001

평소에 행실을
잘해라

 오랫동안 함께했던 친구나 연인과의 관계가 틀어졌을 때, 우리는 어떠한 잘못된 행동이나 실수가 원인이라고 생각한다. 하지만 실제로는 그렇지 않다. 사람 사이의 깊은 정은 단 한 번의 잘못으로 쉽게 무너지지 않는다. 관계가 끊어지는 진짜 이유는, 그동안 쌓이고 쌓인 작고 사소한 것들이 어느 순간 하나의 큰 사건을 계기로 폭발하는 데 있다. 정약용도 유배지에서 자식들이 친척들의 무관심에 서운함을 토로한 편지를 받고 이렇게 답했다. "너희들의 편지를 읽어보니, 친척 중 아무도 돌봐주지 않는다며 하늘을 원망하고 남을 탓하고 있구나. 하지만 그것이야말로 큰 잘못이다. 내가 예전에 벼슬할 때 몸이 아프거나 어려움을 겪었을 때는 많은 이들이 도움을 주었다. 약을 보내고, 안부를 묻고, 밥을 챙겨주는 사람도 있었다. 너희는 그것을 곁에서 보고 자랐기에, 남들도 당연히 도와줄 것이라 기대했겠지. 하지만 원래 가난한 처지에서는 도움을 받는 것 자체가 어렵다는 걸 알아야 한다. 우리 친척들도 서울과 지방에 흩어져 살며 왕래도 드물다. 서로 친밀한 정을 나눌 기회조차 부족한 것이다. 이런 세상에 서로 다투지 않고 지내는 것만 해도 다행인데, 어떻게 보살핌까지 기대할 수 있겠느냐? 생각해 보아라. 너희는 지금껏 친척 중 밥조차 제대로 못 먹는 이를 위해 쌀을 나눈 적이 있었느냐? 추운 날 얼어 죽을 것 같은 이에게 장작을 줬느냐? 병든 이를 찾아가 약을 챙겨주고, 늙고 병든 어른을 공경하며 도운 적이 있었느냐? 없지 않았느냐. 그런데도 너희가 어려움에 처하자 남들이 먼저 나서주기를 바라는 건 오만한 마음에서 비롯된 것이다. 앞으로는 예의를 다하되, 절대 보답을 기대하지 마라. 그럴 때 마음이 평온해지고 원망도 사라질 것이다. 남들이 도와주지 않아도 '아, 여유가 없었겠지' 하고 너그럽게 생각하라. '내가 이렇게 해줬는데 왜 저 사람은 이렇게 하나'라는 말을 입에 담는 순간, 그간 쌓은 공덕은 하루아침에 무너진다. 너희가 친척을 섬기고 부모님을 모시는 예절을 배우지 못하고 자란 것을 탓하고 싶을 수도 있다. 그러나 그것이 핑계가 되어선 안 된다. 옛 조상 중에는 칠십이 넘은 나이에 병으로 몸을 가누지 못하면서도 매일 지팡이를 짚고 종손을 찾아가 예를 다한 이가 있었다. 예는 그렇게 배우는 것이다. 너희도 아침마다 어머니께 인사드리고, 백부님 댁에 들러 문안을 드린 뒤 공부를 시작하라. 숙모님께는 짬이 날 때마다 찾아뵙고, 아픈 형이 계시면 약을 달이고 곁을 지키는 것이 도리다. 그런 정성도 없이 남의 돌봄을 기대해서야 되겠느냐? 그동안 너희가 예의 없이 행동했기에 어른들 마음에 불만이 쌓였던 것이다. 그런데도 너희는

'내가 지금 무슨 잘못을 했다고 이러실까?' 하고만 있으니, 문제는 지금의 행동이 아니라 오래전부터 쌓여온 태도에 있다. 그러나 이제라도 진심을 다해 예의를 지킨다면, 한 달도 안 되어 어른들의 마음도 누그러질 것이다. 진심으로 힘쓰도록 하여라." 정약용의 이 말처럼, 관계는 단 한 번의 일로 깨지지 않는다. 오랜 인연이 끊어지는 건 결국 그동안의 무심함, 무례함, 혹은 기대만 하고 실천하지 않았던 시간들이 쌓인 결과다. 만약 오랜 친구나 연인이 어느 날 갑자기 멀어졌다면, 그 사람을 탓하고 화내기에 앞서 내 지난 태도를 돌아보아야 한다. 도움을 받지 못했다고 서운해하거나, 내가 베푼 것을 당연히 돌려받아야 한다고 생각해서도 안 된다. 내가 바르게 행동해 왔다면 상대는 어떻게든 표현하려 하거나, 고맙다고 말했을 것이고, 정말 해줄 수 없는 상황이라면 "미안하다"라는 말 한마디라도 건넸을 것이다. 반대로 내가 무례하거나 이기적으로 행동했다면, 그 누구도 나에게 선행을 베풀려고 하거나 돕고 싶지 않아 할 것이다. 그래서 결혼식장에서 친구가 갈린다는 말도 이와 같은 경우이다. 평소에 주변 사람들에게 어떻게 대했는지에 따라, 나의 결혼을 진심을 담아 축하해주거나, 모른 척 넘어가는 사람이 생겨나는 것이다. 그러니, 친족이라는 이유로, 혹은 오래 함께했다는 이유로 무조건적인 보살핌을 받고 나를 도와줄 거라 기대하지 말자. 인연은 시간이 아니라, 그 시간 동안 쌓아온 행동과 태도에서 비롯된다. 오랜 관계는 단 한 순간이 아니라, 그동안 쌓아온 업보로 되돌아오는 것이다.

**"문제는 지금의 행동이 아니라
오래전부터 쌓여온 태도에 있다."**

002

맛을 보지 않은 사람은
절대 그 맛을 모른다

정약용은 말했다. "책을 읽다 보면 그 안에서 맛이 느껴진다. 맹자가 말한 '단순히 형식만 갖추고 사람을 기계적으로 대하는 태도를 가진 사람은 진심이 담긴 예절이나 도리를 논할 수 없다'는 말이 거짓이 아님을 알게 되었고, 그 느낌은 해가 갈수록 더 깊어졌다. 그래서 공부를 멈출 수 없었다. 정자와 주자 같은 스승들은 제자들의 질문에 답할 때나, 경전의 의미를 해석할 때 자주 '마음을 가라앉히고 스스로 음미하여 깨달아야 한다'고 말했다. 하지만 그 '맛'이 무엇인지 구체적으로 말하지는 않았다. 그래서 예전엔 오히려 더 의문이 들었고 명확히 알 수 없었다. 그런데 요즘 들어 깨달은 것이 있다. '맛'이란, 실제로 그 맛을 본 사람끼리만 공유할 수 있는 것이지, 그렇지 않은 사람에게는 아무리 설명해도 통하지 않는다는 점이다. 안자(晏子)가 즐거움을 누렸던 것을 후세 사람들은 이해하지 못한다. 그의 경지에 이르지 못하면, 그의 기쁨도 이해할 수 없는 법이다. 예를 들자면 꿀을 먹어본 사람이 꿀을 먹어보지 못한 사람에게 그 맛을 설명하려 아무리 애써도 결국 표현할 수 없는 것과 같은 이치다. 하지만 거칠고 덜 익은 사람은 그 '맛'을 아무리 상상해도 결코 알 수 없다. 그래서 나는 슬프다. 사람이 세상을 살아가며 정자, 주자, 퇴계 선생이 말했던 그 '맛'을 느껴보지 못하고, 안자가 누린 그 진정한 기쁨을 체험하지 못한다면, 비록 날마다 진귀한 술과 진미를 먹고 귀한 지위를 누린다 해도, 결국 마음은 굶주리고 인생은 궁핍한 것이 아닐까." 그래서 정약용은 그 '맛'을 알기 위해 쉼 없이 공부했고,

마음을 다스리며 책 속에서 삶의 길을 찾으려 했다. 단지 글자를 아는 것이 아니라, 그 안에 담긴 뜻을 진심으로 느끼고자 했던 것이다. 이처럼 진정한 공부는 단순히 지식을 외우는 것이 아니라, 마음으로 그 의미를 받아들이고 삶 속에서 실천하며 체득하는 과정이다. 요즘처럼 정보가 넘치는 시대일수록, 지식의 양보다 더 중요한 것은 그것을 어떻게 '깊이 있게' 느끼고 살아가는지의 문제다. 책에서 말하는 도리나 삶의 태도는, 마음이 준비된 사람에게만 그 맛을 드러낸다. 사과의 껍질만 벗겨보고 먹어보지 않으면 결코 알 수 없는 것처럼 말이다. 그런데 대부분의 사람은 이 단순한 진리를 잘 알지 못한다. 그래서 그 깊은 맛을 느껴보려 하기보다, 헛된 욕망에 끌려 쉽고 빠르게 겉만 이해하려고 한다. 하지만 그렇게 겉만 핥다가 결국 지쳐 나가떨어지는 것이다. 만약 진심으로 그 '맛'을 알고 싶다면, 결국 해보는 수밖에 없다. 아무리 누군가가 친절하고 설득력 있게 설명해 준다 해도, 그것은 어디까지나 간접 경험일 뿐이다. 책도, 공부도, 삶의 어떤 깊이도 마찬가지다.

듣는다고 알 수 없고, 구경한다고 깨달아지지 않는다. 이것이 가짜가 진짜를 따라잡지 못하는 이유다. 인생에서 진짜가 되기 위해서는 흉내를 내려 하지 말고, 일단 해보아야 한다. 사업을 하고 싶다면 그 분야에서 일을 해봐야 하고, 운동을 잘하고 싶다면 그 운동을 직접 해봐야 한다. 머릿속에서만 계산하고, 안전한 자리에서 바라보기만 해서는 결코 '진짜'에 닿을 수 없다. 경험은 언제나 이론을 압도한다. 실패든 성공이든, 그 과정을 통해 얻는 감각은 어떤 설명보다도 생생하고 정확하다. 그러니 두려워하지 말고, 뛰어들자. 시작이 서툴러도 괜찮다. 중요한 건 '완벽하게 아는 것'이 아니라, '해보는 것'에서 오는 경험이다. 설령 그 경험이 만족스럽지 못했다고 해도, 해냈다는 사실만으로도 이미 당신은 겉만 아는 사람들과 큰 차이가 난다. 대부분의 사람이 무엇이 옳은지 그른지, 진짜인지 아닌지를 구분하지 못하는 이유는, 실제로 겪어보지 않았기 때문이다. 무능한 사람은 실패할까 봐 아무것도 하지 않으려 하고, 유능한 사람은 시도하지 않아서 중요한 순간 잘못된 판단을 할까 봐 두려워한다. 삶의 깊이는 겪은 만큼 깊어지고, 앎의 밀도는 직접 부딪힌 만큼 단단해진다. 큰 뜻을 품었다면 남의 말로만 세상을 배우려 하지 말고, 자신만의 걸음으로 그 길을 걸어야 한다. 그러다 넘어질 수도 있고, 진흙탕에 빠질 수도 있다. 하지만 그 모든 시간이 당신을 진짜로 만들어준다. 두려움은 해보지 않아서 생기고, 용기는 해본 사람에게만 생긴다. 삶은 결국, 맛본 자만이 제대로 누릴 수 있다.

**"'맛'이란, 실제로 그 맛을 본 사람끼리만
공유할 수 있는 것이지,
그렇지 않은 사람에게는 아무리 설명해도 통하지 않는다."**

003

막혔을 때는 방향을 틀어
다시 궁구하라

정약용은 답이 보이지 않을 때는 '궁구하라'고 말했다. 보통 사람들은 계획이 막히면 조급해지고, 자책하거나 더 큰 힘으로 밀어붙이려 한다. 하지만 그렇게 하면 오히려 길은 더 막히고, 마음은 더욱 어지러워진다. 물이 바위를 만나면 멈추지 않고 방향을 바꿔 흐르듯, 우리도 막힘을 만났을 때 반드시 정면 돌파만이 해답은 아니라는 걸 알아야 한다. 정약용이 말한 '궁구'는 끝까지 파고드는 태도지만, 그것은 '고집'과는 다르다. 고집은 하나의 방법에 집착하는 것이고, 궁구는 여러 가능성을 모색하며 본질에 이르는 길을 찾는 일이다. 즉, 막혔을 때 멈추는 것이 아니라 잠시 돌아보고 방향을 바꿔 다시 탐구하는 것이 궁구다. 정약용은 이렇게 말했다. "이치를 탐구하는 길은 한 가지만 있는 것이 아니다. 어떤 문제는 너무 복잡하거나 얽혀 있어서 억지로 해결하려 해도 잘 풀리지 않는다. 또 어떤 경우는 타고난 성향이나 능력상 쉽게 이해되지 않아 더 막힐 수도 있다. 그럴 때는 한 가지 문제에 집착하지 말고, 잠시 내려놓고 다른 문제를 탐구하면서 생각의 흐름을 이어가는 것이 좋다. 시간이 지나 여러 방향에서 사고가 확장되고 마음이 밝아지면, 처음에 막혔던 문제도 어느 순간 갑자기 풀리는 때가 온다. 이렇게 유연하게 사고하고 공부하는 것이 살아 있는 방법이다. 나 역시 성격이 급해서 어떤 문제에 오래 붙잡혀 있으면 쉽게 조급해졌고, 결국 포기하곤 했다. 하지만 이제는 이 말을 기억하며, 막혔을 땐 방향을 바꿔가며 다시 궁구해 나가려 한다." 우리도 살면서 답이 보이지 않아 포기

했던 일이, 시간이 흐른 뒤 돌아보면 너무 단순했던 경우를 종종 경험한다. 그래서 길이 막혔다고 해서 쉽게 포기해서는 안 된다. 다른 일을 하다 보면 엉킨 실타래가 풀리듯 뜻밖의 순간에 실마리가 잡히기도 한다. 당장 이 문제의 답이 보이지 않는다면, 그건 아직 때가 아닐 수도 있다. 초등학생한테 고등학생 문제를 풀라고 하면 절대 풀 수 없듯이, 나에게 맞는 수준과 때가 있는 것이다. 사업이 막히면 실력이 더 필요한 때일 수도 있고, 사람이 맞지 않으면 아직 서로가 같은 지점을 바라보고 있지 않기 때문일 수도 있다. 그러니 너무 조급해하지 말자. 바로 포기하려는 마음보다는, 언젠가 풀릴 문제라 믿으며 마음을 잠시 쉬게 해보자. 때로는 돌아가는 길이 결국 더 빠른 길이 되기도 하니까.

"이치를 탐구하는 길은 한 가지만 있는 것이 아니다."

004

시야를 넓혀라

 세상을 바라보는 시야가 좁은 사람들이 있다. 이런 사람들은 대부분 작은 일에도 쉽게 흔들리고, 감정의 진폭이 크다. 무슨 일이 생기면 그 일 하나에만 정신이 팔려 크게 호들갑을 떨고, 마치 세상이 끝난 것처럼 반응한다. 상황을 전체적으로 보지 못하고, 눈앞의 일에만 매몰되다 보니 늘 불안하고 조급하다. 당장의 손해에 억울해하고, 작은 이득에도 지나치게 기뻐한다. 하지만 이런 태도는 결국 자신을 더 힘들게 만들 뿐이다.

왜냐하면 인생에서 일어나는 일들은 대부분 한순간의 감정으로 판단할 수 없기 때문이다. 조금만 시간이 지나면 충분히 달라질 수 있는 일인데도, 당장 뜻대로 되지 않는다고 해서 낙담하고, 다른 사람 탓을 하며 분노하는 것과 같다. 이렇게 순간의 기분에 휩쓸려 판단을 내리면, 그 판단으로 또 다른 문제가 발생하기도 한다. 이는 좁은 시야에서 비롯된 악순환이다. 정약용은 이런 이들을 이렇게 말했다. "한 번 배가 부르면 살이 찔 것 같고, 한 번 굶주리면 말라버릴 것처럼 여기는 것은 천한 짐승들이나 하는 짓이다. 시야가 좁은 사람은 오늘 일이 뜻대로 되지 않으면 금세 눈물을 흘리고, 다음 날 뜻에 맞는 일이 생기면 활짝 웃으며 얼굴빛을 바꾼다. 이처럼 근심, 즐거움, 슬픔, 기쁨, 감격, 분노, 애정, 미움 등의 감정이 대부분 아침저녁으로 변한다. 그러나 달관의 경지에 이른 사람이 보면 비웃지 않겠는가?" 감정이란 원래 아침저녁으로 바뀌기 쉬운 것이고, 순간적인 기분에 휘둘리는 태도는 결국 어리석은 선택을 낳는다. 그래서 눈앞의 일에만 반응하는 것이 아니라, 한 걸음

떨어져서 그 일을 바라보는 시야를 갖는 것이 필요하다. 당장 기분이 상하거나 억울하더라도, 시간이 지나면 그것이 오히려 나에게 도움이 되는 경우도 많다. 반대로 지금 좋은 일도, 시간이 지나 나에게 짐이 될 수도 있다. 세상을 넓게 본다는 것은 단지 많이 알고, 많이 경험하라는 것이 아니다. 변하는 것과 변하지 않는 것을 구분할 줄 알고, 지금 중요한 것과 중요하지 않은 것을 가려낼 줄 아는 눈을 가지라는 것이다. 그렇게 되어야 감정이 아닌 이성으로 세상을 바라볼 수 있고, 쉽게 흔들리지 않는 단단한 사람이 된다. 대부분 시야가 좁은 사람들이 갈대 같다고 생각하지만, 사실 그들은 타인의 말을 듣지 않는 바위 같다. 그래서 다른 이들이 말하는 것을 듣지 못하고 자신의 기분에 휘둘려 호들갑을 떠는 것이다. 반면, 시야가 넓은 사람들은 오히려 갈대와 같다. 자신이 옳다고 여기는 것이 있어도 합리적인 설명을 들으면 생각을 바꿀 줄 안다. 이런 사람이 진짜 시야가 넓은 사람이다. 과학자들이 서로 싸우다가도 그것을 증명하면 '틀렸다'고 인정하는 것처럼 말이다.

이들은 높고 낮음을 떠나 배움에 대한 태도가 다른 것이다. 이처럼 시야가 넓은 사람이 되려면 항상 내 앞에 보이는 것이 전부라 생각하지 말고, 넓게 바라보는 태도가 필요하다. 그렇게 조금씩 시야를 넓히다 보면 어느 순간 누구도 따라올 수 없는 존재가 되어 있을 것이다.

**"한 번 배가 부르면 살이 찔 것 같고,
한 번 굶주리면 말라버릴 것처럼 여기는 것은
천한 짐승들이나 하는 짓이다."**

005

큰 것은 베풀고,
작은 것은 아껴라

정약용은 말했다. "큰 것을 아끼는 사람은 큰 이익을 꾀하지 못하고, 작은 것을 손쉽게 여기는 사람은 헛된 낭비를 줄이지 못할 것이다." 그의 말처럼, 큰 것을 아끼는 사람은 종종 큰 이익을 꾀하지 못한다. 너무 신중하게, 너무 조심스럽게 아끼기만 하다 보면 과감하게 나아가야 할 때를 놓치게 되기 때문이다. 반면, 작은 것을 가볍게 여기는 사람은 늘 헛된 낭비 속에 빠진다. 사소한 비용, 작은 습관, 짧은 시간쯤은 괜찮다고 넘기다 보면 결국 그것들이 쌓여 커다란 손실로 돌아오기 때문이다. 이는 단지 돈에 대한 이야기가 아니다. 우리의 시간, 노력, 기회, 심지어 인간관계에까지 해당된다. 예를 들어, 큰 결정을 앞두고 매번 머뭇거린다가 끝나는 사람이 있다. 잘못될까 두려워 도전하지 못하고, 조금이라도 손해 볼까 봐 나아가지 못하는 것이다. 하지만 진짜 큰 이익은 때때로 위험을 감수하고 한 걸음 내디딘 사람에게 주어진다. 반대로, 어떤 이는 작은 것을 너무 무감각할 정도로 쉽게 생각하는 사람이 있다. 고작 몇 분이라며 시간을 낭비하고, 굳이 화를 내지 않아도 되는 상황에서도 감정 소비를 하며, 작은 말 한마디를 대수롭지 않게 넘긴다. 하지만 그 무심함이 결국 스스로를 지치게 만들고, 무너지게 만든다. 그래서 우리는 이 두 가지를 함께 잘 보아야 한다. 과감하게 나아가야 할 때에는 '큰 것'을 아끼느라 움츠러들지 말고, '사소한 것'이라 여겨지는 일일수록 더 꼼꼼하게 살펴야 한다. 큰 것은 판단의 용기고, 작은 것은 태도의 습관이다. 이 둘을 균형 있게 다룰 줄 아는 사람이 무엇이든 해내는 사람이 되는 것이다. 결국 중요한 건 크고 작은 것을 나누는 기준이 아니라, 그것을 대하는 우리의 태도다. 크다고 해서 무조건 움츠러들 필요도 없고, 작다고 해서 무시해도 되는 것도 아니다. 용기를 내야 할 순간엔 망설이지 말아야 하며, 소소한 일상 속에서는 자잘한 습관 하나라도 소중히 여겨야 한다. 큰 도전은 한순간의 결심에서 비롯되지만, 그것을 뒷받침하는 힘은 매일의 작은 성실함에서 나오는 법이다. 인생은 늘 선택의 연속이고, 그 선택이 쌓여 나의 방향을 만든다. 그러니 이제는 크다고 피하지 말고, 작다고 흘려보내지 말자. 무엇이든 진심을 담아 다루는 태도에서 인생의 진짜 무게와 가치가 만들어진다.

**"큰 것을 아끼는 사람은 큰 이익을 꾀하지 못하고,
작은 것을 손쉽게 여기는 사람은
헛된 낭비를 줄이지 못할 것이다."**

006

가난을 이겨낼 수 있게
해주는 것

    정약용은 자식들에게 가난을 이겨낼 수 있는 방법에 대해 이렇게 말했다. "나는 벼슬을 해서 너희에게 땅을 물려주지는 못하지만, 아주 귀한 두 글자짜리 부적 하나를 남겨줄 수 있다. 이것은 너희의 삶을 풍요롭게 해 주고, 가난을 이겨낼 수 있도록 도와줄 것이다. 그 두 글자는 바로 '부지런함'과 '검소함'이다. 이 두 글자는 아무리 좋은 밭보다도 더 귀한 것이어서, 평생을 써도 다 써버릴 수 없는 재산이다. 그렇다면 '부지런함'이란 무엇인가? 오늘 할 일을 내일로 미루지 않고, 아침에 할 수 있는 일을 저녁으로 미루지 않으며, 맑을 때 할 일을 비 오는 날로 미루지 않고, 비 오는 날 해야 할 일을 날씨가 갠 후로 미루지 않는 것이다. 늙은이는 앉아서 감독하고, 아이는 뛰어다니며 돕고, 젊은이는 힘든 일을 맡으며, 아픈 사람은 지켜보고, 아낙네는 새벽닭이 울기 전까지도 잠들지 않는다. 이렇게 온 집안의 남녀가 누구 하나 게으름 피우지 않고, 항상 빈틈없이 부지런하다면 그것이 바로 '근'이다. 그렇다면 '검소함'은 무엇인가? 먼저 옷부터 보면, 옷은 몸을 가릴 수 있으면 되는 것이다. 고운 베로 만든 옷은 한번 해지면 보기 흉하지만, 거친 베로 만든 옷은 해져도 그렇게 흉하지 않다. 옷 한 벌을 만들 때마다 오래 입을 수 있을지를 먼저 생각해야 한다. 그렇게 하지 않으면 옷이 쉽게 해지기 때문에, 차라리 고운 옷 대신 거친 옷을 고르는 것이 낫다는 생각이 드는 것이다. 음식도 그렇다. 음식이란, 단지 생명을 유지하기 위한 것이다. 아무리 맛있는 음식도 입에 들어가는 순간 더러운 것으로 변한다.

이런 것들이 검소함이다. 그러나 사람이 세상에 태어나 가장 귀한 덕목은 성실함이다. 그 안에는 조금도 거짓됨이 없어야 한다. 하늘을 속이는 것이 가장 큰 죄이며, 임금이나 부모를 속이는 것도 죄이고, 농부가 농부를 속이거나 장사꾼이 장사꾼을 속이는 것도 모두 죄악이다. 이것들을 명심해라. 그래도 단 하나 속여도 괜찮은 대상이 있다. 그것은 자기 자신의 '입'이다. 아무리 형편없는 음식이라도 그저 허기를 잠시 달래는 용도라면 괜찮다. 이것은 자신을 위한 속임수다. 이번 여름 내가 다산에 있을 때 상추쌈을 싸 먹는 도중 손님이 내게 물었다. '쌈으로 먹는 것과 절여 먹는 것은 차이가 있습니까?' 내가 대답했다. '그건 나의 입을 속이는 일이지요.' 어떤 음식을 먹든 이 생각을 잊지 마라. 쓸데없이 화장실을 위해(지나치게 먹는 것 때문에 배변을 걱정하는 일 따위로) 애쓸 필요는 없다. 이러한 생각은 지금 당장의 어려움을 이겨내는 데에도 도움이 될 뿐만 아니라, 아무리 높은 벼슬을 지낸 사람일지라도 가정을 다스리고 몸가짐을 바르게 하려면 '근'과 '검'이라는 두 글자를 가장 먼저 마음에 새겨야 한다. 그러니 너희는 이 말을 반드시 깊이 새겨두어라." 정약용이 자식에게 남긴 이 글은 단순한 식습관에 대한 조언을 넘어, 삶을 어떻게 살아야 하는지에 대한 깊은 철학을 담고 있다. 그가 말한 "자기 자신의 입은 속여도 된다"는 말 속에는 욕망을 절제하고 자기를 다스리는 지혜가 숨어 있다. 맛있는 음식을 쫓기보다 허기를 달래는 정도로 만족할 줄 아는 태도, 그것이 바로 검소함의 시작이다. 인간은 늘 더 좋은 것, 더 많은 것을 원하지만, 그 욕망을 그대로 따르다 보면 몸은 물론 마음까지 흐트러지기 쉽다. 그래서 정약용은 '입'을 속일 줄 아는 사람이 결국 자신을 지킬 줄 아는 사람이라 말한 것이다. 이와 함께 강조한 '근'은 삶의 방향을 잃지 않게 해주는 나침반이다. 하루를 헛되이 보내지 않기 위해 부지런히 움직이고, 작은 일도 소홀히 하지 않는 자세는 결국 인생의 밑거름이 된다. 아무리 높은 자리에 오른 사람이라도 이 두 가지를 잃으면 삶이 무너질 수밖에 없다. 결국 없는자가 성공하지 못하는 이유, 그리고 가진자가 실패할 수 없는 이유는 이런 점 때문이다. 그러니 큰 뜻을 품었다면 정약용이 말했듯, 근면함과 검소함이라는 두 글자를 먼저 마음에 새겨 보자.

"가난을 이겨낼 수 있도록 도와줄 그 두 글자는 바로 '부지런함'과 '검소함'이다."

조금 잘한다고
자만하지 마라

 똑똑하고 재주가 좋은 사람들이 젊을 때 흔히 빠지는 착각이 있다. 바로 자신의 재능이 영원할 거라 믿는 것이다. 글을 잘 쓰거나, 말재간이 좋거나, 눈치가 빠른 사람들은 자신이 남보다 뛰어나서 앞서 있다고 착각한다. 하지만 그 믿음은 시간이 흐를수록 교만으로 변하게 된다. 안타깝게도 이러한 교만은 누군가 이끌어주지 않으면 그 상태에서 벗어나기 어렵다. 한정된 환경에서 같은 사람들만 만나다 보니 자신이 최고라고 착각하기 쉽기 때문이다. 노력 없는 재능은 시간이 지나면 무뎌지기 마련이다. 정약용은 "젊을 때 재주만 믿고 교만하면, 나이 들어서는 무능하고 흐릿해진다."고 말했다. 재주는 일종의 '초기 자산'과 같다. 시간이 흐를수록 가치가 떨어지는 화폐처럼, 관리하지 않으면 점차 줄게 된다. 그래서 재주가 영원할 거라 생각하는 사람은 나이 들수록 과거에만 매달려 "한때는 잘나갔다"는 말만 되뇌는 것이다. 그래서 내가 언제 태어났고, 어떤 위치에 있고, 얼마나 특출난 재능이 있는가 보다는 배움의 끈을 놓지 않는 태도가 중요하다. 정약용은 유배지에서도 학문을 멈추지 않았고, 낮은 자리에 있더라도 올바른 도리를 따랐다. 이처럼 항상 내가 부족한 점이 있고, 세상에 나보다 나은 사람이 많다는 것을 알고, 기고만장하기보다는 자신을 낮추고 노력하는 사람이 어디를 가든 해내는 사람이 되는 것이다. 하지만 교만한 사람은 타인의 말을 귀담아듣지 않고, 혼자만의 틀에 갇혀 배움을 멈춘다. 그렇게 세월이 흐르면, 한때의 빛나던 재주는 아무것도 아니게 되는 것이다. 정약용은 배움에 대해 이렇게 말했다. "배움이란 무엇인가? 배움이란 깨닫는 것이다. 그렇다면 깨달음이란 무엇인가? 깨달음이란 잘못된 점을 알아차리는 것이다. 잘못된 점을 알아차린다는 것은 어떻게 하는 것인가? 올바른 말을 통해 깨닫는 것이다. 말을 하는 데 있어서, 쥐를 가리켜 옥덩이라고 말했다가, 이내 그것이 잘못임을 깨닫고 "이것은 쥐다. 내가 말을 잘못하였다."라고 말하고, 또 사슴을 가리켜 말이라고 말했다가, 이내 그것이 잘못임을 깨닫고 "이것은 사슴이다. 내가 말을 잘못하였다."라고 말한다. 이렇게 이미 저지른 잘못을 깨닫고 부끄러워하며 뉘우치고, 이를 고쳐야 비로소 이것이 배움이라 할 수 있는 것이다." 즉, 누군가 내가 아무리 재주가 뛰어나 잘하더라도, 나를 위해 그것이 잘못되었다고 말하면 인정하고 받아들이는 자세가 배움이라는 것이다. 그러니, 남들보다 내가 잘났다고 재능이 많다고 우쭐하지 말자. 우쭐하는 것에 나의 마음을 내어주는 순간 배움의 길을 걷지 못하고, 그 재능들을 썩히게 되고 패배자로 전락하게 될 것이다. '겸손해'라고 강조하기보다는 사람은 완벽할 수 없기에 누구의 말이든 듣고 배우려는 자세를 가지라는 말이다. 그렇다면 당신은 누구보다도 더 높이 그리고 더 오래 나아갈 수 있을 것이다.

**"젊을 때 재주만 믿고 교만하면,
나이 들어서는 무능하고 흐릿해진다."**

008

힘 빼고 살아라

"무위자연(無爲自然)" 억지로 뭔가를 하려고 하지 말고, 자연의 흐름에 맡기며 살아가라는 말이다. 우리는 살아가며 너무 많은 힘을 준다. 잘 살아야 하고, 잘 보여야 하며, 실패해서는 안 된다는 생각에 늘 긴장하고, 앞서 걱정하며 무언가를 쥐고 놓지 않으려 한다. 그러나 이렇게 잘해보려 하는 마음이 오히려 독이 될 때가 있다. 물을 꽉 쥐려 할수록 손가락 사이로 빠져나가듯, 삶도 너무 움켜쥐면 잡히는 게 아니라 옆으로 새어 나가게 된다. 내가 열심히 해서 되지 않을 때는 '무위'의 마음으로 사는 방법도 필요하다. 무위란 아무것도 하지 않는 게 아니라, 억지로 하지 않는 것이다. 흐름을 거스르지 않고, 조급하지 않게 살아가는 태도다. 살다 보면 일이 잘 풀릴 때도 있고, 아무리 해도 풀리지 않을 때가 있다. 그럴 때마다 '왜 이렇게 안 될까?' 하며 괴로워하기보다, '지금은 때가 아닌가 보다' 하며 한발 물러설 줄 아는 여유가 필요하다는 것이다. 정약용은 말했다. "잡념이 생기면 휘저어 보내라. 다시 떠오르면 또 휘저어 보내라. 그래도 떠나지 않으면 억지로 쫓지 말고, 그냥 두어라. 그것이 곧 다스림이다." 마음을 다스린다는 것은 잡념이 전혀 없는 상태가 아니라, 떠오르는 생각을 억누르지 않고 흘려보내거나 그대로 둘 수 있는 여유를 가지는 것이다. 우리가 대부분 힘들어서 짜증 내고 화내는 이유는 내 뜻대로 되지 않아서다. 애인이 내가 원하는 대로 해주지 않아서 화가 나고, 일이 원하는 대로 풀리지 않아 속이 뒤집히는 것이다. 그렇게 뜻대로 안 되는 현실 앞에 잡념이 떠오를 때, 아무리 생각하지 않으려 해도 계속 떠오른다면, 그건 내가 어찌할 수 없는 것들이기에 그냥 놔두면 된다. 슬픈 생각이 계속 떠오르면 슬픔에 잠겨 울어도 되고, 짜증 나는 일이 계속 생기면 짜증을 내도 된다. 그럼 성장한 내가 되었을 때 그 문제를 해결할 수 있을 것이다. 억지로 안 되는 일을 붙잡고 씨름하다 보면, 결국 나만 지치게 된다. 때로는 내려놓는 것이 도망이 아니라, 더 현명한 선택이 될 수 있다. 손에 꽉 쥔 것을 놓아야 비로소 다른 것을 잡을 수 있듯, 마음도 여유가 있어야 새로운 기회가 들어온다. 그래서 팍팍한 오늘날 우리는 너무 애쓰려고 하기보다는 그냥 있어도 괜찮다고 자신을 다독일 줄 아는 마음을 가질 필요가 있다. 인생은 너무 밀어붙일수록 거칠어진다. 지금, 이 순간에도 무언가 이루지 못했다고 자책하고 있다면, 잠시 멈춰 보자. 잘하려고만 하지 말고, 잘 쉬는 법도 배워야 더 성장하고 나아갈 수 있다. 우리의 인생이 변화하려면 무언가 큰 차이가 벌어져야 한다고 생각할 수 있다. 하지만 생각도, 마음도, 일도, 큰 뜻도 다 한 끗 차이다. 그러니, 유독 잡념이 많다면 조금 힘 빼고 살길 바란다.

"그래도 떠나지 않으면 억지로 쫓지 말고,
그냥 두어라. 그것이 곧 다스림이다."

다산 정약용 인생 명언

"성품이란 타고난 것이 아니라,
평소에 보고 듣고 접하는 것에 따라 변하는 것이다.
보고 들은 것이 맑으면 성품도 맑고, 탁하면 성품도 탁하다."

"가득 차 있는 것은 공기이고,
그것이 움직이면 바람이 된다.
움직일 힘을 지녔지만 스스로 접어 품고 있으니,
겉으로는 고요하나 그 속엔 바람이 잠들어 있다."

"받아들일 때는 비록 몸을 낮추고 구부리더라도,
베풀 때는 바르고 곧게 한다.
언제나 사람들에게 포용되는 존재이되,
결코 사람들에게 이용당하지는 않는다."

❈ 우리가 인생을 다시 보아야 하는 이유 ❈

인생이 힘들다고 하지 마라.

정약용은 경상도 포항 장기와 전라도 강진에서

18년을 유배지에서, 가족과도 떨어져 고독 속에 살았다.

불공평하다고 쉽게 말하지 마라.

정약용은 억울한 정치 탄핵으로 벼슬을 빼앗기고,

차가운 섬처럼 고립된 강진 땅에서 하루하루를 견뎠다.

기회가 없다고 불평하지 마라.

그는 유배지에서조차 학문을 멈추지 않았고,

500여 권이 넘는 책을 집필하며 세상을 준비했다.

이해받지 못한다고 낙담하지 마라.

그의 생각은 당대 누구에게도 환영받지 못했지만,

200년이 지난 지금 우리는 그의 이름을 기억한다.

지금의 외로움이 영원할 거라 생각하지 마라.

정약용은 가장 외로운 시절에 자신을 단련했고,

그 고독이 훗날 위대한 사상을 길러냈다.

너무 늦었다고 포기하지 마라.

정약용은 유배에서 풀려난 57세 이후,

목민심서, 흠흠신서 등 주옥같은 저서를 남겼다.

큰 뜻을 품은 자여,
왜 그 자리에 머물러 있는가

ⓒ이근오

초판 18쇄 인쇄 2025년 12월 8일

엮은이 이근오
디자인 김지혜
마케팅 정호윤, 김민지
펴낸곳 모티브
이메일 motive@billionairecorp.com

ISBN 979-11-94600-43-5 (03150)

파본은 구입하신 서점에서 교환해 드립니다.
이 책은 저작권법에 의해 보호를 받는 저작물이기에 무단 전재와 복제를 금합니다.